FABRICE MIDAL

Fabrice Midal, philosophe et écrivain, est l'un des principaux enseignants de la méditation en France. Il est l'auteur de très nombreux livres, dont *Foutez-vous la paix !* (Pocket, 2018), traduit dans plus de 15 pays. Fondateur de l'École occidentale de méditation, Fabrice Midal dirige aussi des journées d'introduction à la méditation, qui sont autant de moments uniques, profonds et joyeux. La méditation qu'il défend n'est pas un outil pour se calmer, être zen et détaché de la réalité, mais une façon de s'y relier d'une manière plus éthique et responsable.

Pour en savoir plus, vous pouvez
consulter son site :
www.fabricemidal.com
Vous y trouverez nombre de méditations
et d'enseignements en libre accès

W0381410

ÉVOLUTION

Des livres pour vous faciliter la vie !

Ali REBEIHI et Christilla PELLÉ-DOUËL
Que dévoilent nos émotions ?
Grand bien vous fasse : la vie quotidienne, mode d'emploi

Valérie ROUMANOFF
Les Histoires magiques du soir

Valentin SPITZ
Et si vous arrêtiez de vouloir être un parent parfait ?

Thich NHAT HAHN
Voir en pleine conscience

Thich NHAT HAHN
Combattre en pleine conscience

W. Thomas BOYCE
L'Enfant orchidée et l'Enfant pissenlit

Lise BOURBEAU
La Guérison des 5 blessures

Marie KONDO
La Magie du rangement au travail

Fabrice MIDAL
3 minutes de philosophie pour redevenir humain

Mathieu BRÉGÉGERE
Nos ados : et si la méditation était la solution ?

Alexandre MARS
Ose !

3 minutes de philosophie pour redevenir humain

DU MÊME AUTEUR
CHEZ POCKET

DANS LA COLLECTION « AGORA »

COMPRENDRE L'ART MODERNE
POURQUOI LA POÉSIE ?

DANS LA COLLECTION « ÉVOLUTION »

COMMENT ÊTRE BOUDDHISTE ?
FRAPPE LE CIEL, ÉCOUTE LE BRUIT
COMMENT LA PHILOSOPHIE PEUT NOUS SAUVER
52 POÈMES D'OCCIDENT POUR APPRENDRE À S'ÉMERVEILLER
FOUTEZ-VOUS LA PAIX !
DEVENEZ NARCISSIQUE ET SAUVEZ VOTRE PEAU !
NE VOUS LAISSEZ PLUS JAMAIS FAIRE

NARCISSE N'EST PAS ÉGOÏSTE
ET SI DE L'AMOUR ON NE SAVAIT RIEN ?
COMMENT RESTER SEREIN QUAND TOUT S'EFFONDRE

Fabrice Midal

3 minutes de philosophie pour redevenir humain

Flammarion|Versilio

MIXTE
Papier issu de
sources responsables
FSC® C003309

L'éditeur de cet ouvrage s'engage dans une démarche
de certification FSC® qui contribue à la préservation
des forêts pour les générations futures.

Pour en savoir plus :
www.editis.com/engagement-rse/

Le Code de la propriété intellectuelle n'autorisant, aux termes de l'article L. 122-5, 2° et 3° a, d'une part, que les « copies ou reproductions strictement réservées à l'usage privé du copiste et non destinées à une utilisation collective » et, d'autre part, que les analyses et les courtes citations dans un but d'exemple et d'illustration, « toute représentation ou reproduction intégrale ou partielle faite sans le consentement de l'auteur ou de ses ayants droit ou ayants cause est illicite » (art. L. 122-4).
Cette représentation ou reproduction, par quelque procédé que ce soit, constituerait donc une contrefaçon, sanctionnée par les articles L. 335-2 et suivants du Code de la propriété intellectuelle.

© Flammarion, 2020
© Versilio, 2020

ISBN : 978-2-266-31572-2
Dépôt légal : septembre 2021

Avant-propos

La philosophie nous bouscule. Elle ne nous laisse pas tranquille ; elle nous réveille et nous éclaire. C'est pourquoi nous en avons si profondément besoin.

Aujourd'hui, elle est d'autant plus indispensable qu'elle est l'antipode du dogmatisme actuel. Du discours des experts. De ceux qui ont tout compris, qui savent tout, et vous le font bien sentir.

Socrate, le père de tous les philosophes, insiste sur le fait que lui, au contraire, n'est expert en rien. Il se rend sur la place publique et pose des questions à tout le monde, sur leur vie, leur métier, leur goût… Il ne vient pas nous faire la leçon. Lui-même du reste, explique, qu'il ne sait rien, il n'est pas même un « sage », qualité, disait-il, qui ne concerne que les seuls dieux, s'ils existent. Nous ne sommes pas des dieux, il est donc inutile de chercher à l'être. Soyons humains. Nous avons tout à y gagner.

C'est parce qu'elle le sait, que la philosophie nous invite non pas à être un « sage », un être parfait, un dieu, mais à faire la paix avec notre propre humanité.

Et c'est la raison pour laquelle Socrate ose poser des questions, mettre en doute ce qui apparaît pourtant comme indiscutable et évident.

Certains s'énervent, mais d'autres, depuis des siècles, jugent que c'est formidable, jubilatoire même. Enfin quelqu'un qui parle vraiment pour nous permettre d'y voir plus clair. De retrouver confiance dans *notre* capacité à sentir, à désirer, à penser et à aimer. Car c'est là ce que nous apprend la philosophie : *notre expérience* vaut vraiment la peine d'être explorée.

L'expert veut qu'on l'écoute et obéisse à ses consignes. Le philosophe vous invite à penser par vous-même.

Depuis plusieurs années, je travaille à comprendre les nouvelles formes de violence du quotidien qui nous écrasent et nous coupent de notre précieuse humanité, de nos projets, de nos convictions et de nos aspirations.

Que vous soyez infirmier, médecin, boulanger, avocat, assistante sociale où je ne sais quoi, vous sentez peut-être comme moi, que, souvent, on nous demande de nous couper de ce qui fait sens pour des raisons sociales, politiques ou économiques. Dès lors, nous nous sentons coupables de ne pas en faire assez et ce, jusqu'à mettre notre vie en danger comme en témoigne par exemple l'hémorragie actuelle de *burn out*.

La philosophie peut nous aider parce que, justement, elle ne nous invite pas à être encore plus calme, plus que parfait, comme une sorte de robot ou d'algorithme et de participer ainsi à promouvoir la violence et la barbarie.

C'est pourquoi je vous invite, en trois minutes, le temps de lire un chapitre, à faire une expérience pour redevenir humain et vous libérer de la dictature de la rentabilité déshumanisante qui réduit tout, femmes, hommes, arbres, fleuves, à des ressources à gérer et à exploiter. La philosophie a ceci d'extraordinaire qu'elle s'adresse à l'humain que nous sommes, à la situation que nous rencontrons avec ce collègue qui nous rend la vie impossible, devant le frigidaire vide quand les enfants amènent à la maison, sans prévenir, leurs copains à dîner… Elle est concrète dans un monde qui tend à devenir de plus en plus abstrait.

J'ai choisi des phrases fidèles à ce génie socratique et c'est pourquoi les auteurs ici présentés sortent parfois des chemins trop balisés dans lesquels on a parfois enfermé la philosophie. La philosophie ne réside pas là où l'on croit. C'est la raison pour laquelle elle est à ce point nécessaire et bénéfique.

« Être humain
signifie essentiellement
que l’on ne recherche pas
la perfection. »

George Orwell

Être humain, tout simplement

Orwell ne nous demande pas seulement de reconnaître que la perfection n'est pas de ce monde, mais de comprendre que la chercher, c'est tourner le dos à ce que signifie être humain.

C'est un propos déconcertant. Depuis des siècles, tout un courant de pensée nous invite à tendre vers un état de perfection… identifié à une sorte de détachement, ou de domination de la raison sur tout notre être.

Et, du coup, nous regrettons tous de n'être pas un peu plus parfaits ! Nous croyons que si nous l'étions, nous serions plus heureux.

Nous avons tort.

Vous avez été un peu trop agressif avec votre beau-frère

Vous vous rendez compte que vous avez tenu des propos déplacés, brutaux même, à l'encontre de quelqu'un que pourtant vous appréciez.

Par exemple, lors du dernier repas de famille, vous avez envoyé un scud à votre charmant beau-frère. En fait, vous étiez blessé qu'il ne partage pas les mêmes idéaux politiques que vous.

Vous le regrettez à présent.

Formidable ! Vous êtes en train d'entrer en rapport avec la profondeur de votre existence.

Au lieu de vous reprocher encore et encore de ne pas correspondre à votre idée de perfection d'un être toujours juste, toujours précis, vous rencontrez avec honnêteté l'abîme de votre propre cœur. Et cela va vous permettre de développer une vraie tendresse envers vous-même.

Oui, vous êtes parfois maladroit, parfois inadapté, ou parfois un peu idiot.

Vous savez ce qui fait le propre d'un très grand écrivain ?

Sa capacité à nous montrer ce qui, en chacun de nous, est mesquin et médiocre. C'est là le génie de Dostoïevski ou de Proust. Ils nous révèlent tous les tours et détours de nos mensonges, de nos lâchetés, de notre jalousie…

Ils ne le font pas par cruauté ou par désespoir, mais pour appréhender ce qui fait la réalité profonde de notre existence. Et cela nous soulage de pouvoir enfin entrer dans la complexité, mais aussi la beauté même de notre vie.

Les mauvais écrivains restent à la surface des sentiments. Parfois même, ils nous asphyxient avec leurs promesses mensongères de bonheur.

Contrairement à une idée reçue, les premiers sont mus par une infinie tendresse qui leur permet de regarder l'être humain dans toutes ses dimensions, tandis que les autres n'y ont tout simplement pas accès. Au fond, ils ont peur. Ils ont peur de la vraie vie. Ils ont peur de leur cœur.

Méditation sur un pot japonais légèrement fêlé

Mais comment faire la paix avec nos imperfections ?

Pensez à une personne que vous aimez. Pensez à ses failles. À ses blessures.

Et considérez-les non comme ce qui entrave son existence, mais ce qui en fait la beauté.

Pour vous aider, pensez à l'art des grands maîtres potiers japonais. Une fois qu'ils avaient réalisé un bol, ils ajoutaient une imperfection, non pour le souiller ou l'abîmer, mais pour en souligner le caractère de fragilité et de modestie.

Nous savoir imparfaits nous rend plus tolérants et plus soucieux des autres.

« Au milieu de l'hiver,
j'ai découvert en moi
un invincible été. »

ALBERT CAMUS

Cessez de tout relativiser

Notre idée habituelle est que l'été succède à l'hiver, la joie à la peine, le beau temps à la pluie. Vous vous sentez mal, ne vous inquiétez pas, un jour ça ira mieux.

Voilà ce que nous raconte la sagesse habituelle.

Je trouve cela bien insuffisant. Au fond, il nous faudrait apprendre à tout relativiser.

Ce à quoi nous invite Camus ouvre une tout autre perspective : apprendre à reconnaître, au milieu même de l'hiver, au milieu de ce qui semble glacé, sans vie, le surgissement éclatant de l'été.

On nous parle très rarement de cette possibilité : découvrir qu'il n'existe pas d'événements heureux ou malheureux en soi, mais qu'il existe, en chacun d'eux, en chaque moment de notre vie, une dimension plus profonde. Celle dont nous parle la grande littérature.

J'ai vécu cette expérience au moment de la mort de ma grand-mère que j'aimais profondément. C'était alors une très vieille dame. On savait que sa fin approchait, et, un matin, ma tante m'appelle pour me prévenir. Mamie vivait ses dernières heures.

J'arrive à l'hôpital, la famille est là, parlant à voix basse dans le couloir. La situation est lourde. Chaque fois qu'un membre de la famille entre dans la pièce, il le fait d'un pas sombre. Et en sort accablé.

J'entre à mon tour dans la chambre, avec appréhension.

Je prends le temps de m'asseoir et de rester là, avec ma grand-mère.

À ma propre surprise, ce que j'éprouve c'est la bonté de ma grand-mère, qui m'a accompagné tout au long de mon enfance. Je suis resté toute la journée dans la pièce, baigné dans une paix profonde et poignante, avec le sentiment que je la soutenais dans l'épreuve qu'elle vivait.

Bien sûr, j'étais très triste que ma grand-mère meure, mais je sentais, au milieu de cet hiver, la beauté de l'amour dans lequel elle n'avait cessé de me baigner. Je sentais que cet amour apparaissait même avec une intensité particulièrement poignante.

Ce moment a été l'un des plus importants de ma vie. Il m'a donné une force et une confiance qui m'accompagnent encore aujourd'hui.

Méditation pour rencontrer l'ami secret en vous

Mais comment faire cette découverte, au quotidien ?

Il ne s'agit pas juste de trouver un rayon de soleil au milieu de l'hiver, mais de découvrir un été invincible qui ne pourra plus jamais nous faire défaut. Un été qui, sans pouvoir masquer ou remplacer l'hiver, demeure là, en nous.

Il est là en nous comme un ami cher, un ami qu'on aurait oublié, auquel on aurait fermé la porte il y a longtemps. Cet ami oublié habite là, dans votre propre être, dans votre cœur, dans votre poitrine, dans chaque cellule de votre corps. Il est fait de la mémoire de tout ce que vous avez appris dans la vie. Il est l'amour que vous a donné votre grand-mère ou tout autre personne.

Et à cet ami oublié vous pouvez à présent tendre la main : « Je me tourne vers toi que j'ai négligé, tu es mon premier allié, je veux faire un acte d'amitié, de paix et de confiance avec toi. » Je me confie à toi en toute confiance. Je m'en remets à cette part de moi qui est plus grande que moi.

« Il est temps que la pierre
se résolve enfin à fleurir. »

Paul Celan

Apprendre à s'ouvrir

Comment ce qui est fermé peut-il s'ouvrir ?

Comment ce qui semble mort peut-il devenir vivant ?

C'est à le découvrir que nous invite Paul Celan, l'un des poètes les plus vertigineux du XXe siècle.

Cette promesse semble extraordinaire, mais irréaliste.

Pensez à une pierre. Elle est solide, immuable. Elle est bien incapable de fleurir.

N'est-on pas ici dans un exemple flagrant de poésie qui raconte des choses certes jolies, mais pas très réalistes ?

N'allons cependant pas trop vite. Paul Celan nous propose une expérience si profonde qu'elle demande un peu d'attention.

Vous n'arrivez pas à vous endormir

Pour la comprendre, pensons au sommeil.

Vous est-il déjà arrivé de ne pas réussir à vous endormir ? Avez-vous déjà eu une insomnie ? Si cela vous est arrivé, vous savez que *vouloir* vous endormir ne suffit pas. Et même, plus vous voulez dormir, moins cela se produit.

Vous avez alors l'impression d'être comme une pierre que rien ne peut faire fleurir.

Pour que le sommeil vous emporte, il faut faire confiance à votre corps. Lui ne demande qu'à dormir, c'est votre volonté qui le retient.

Voilà la clef !

Mais nous croyons à tort qu'un surcroît de volonté serait ici nécessaire !

Si nous sommes angoissés, il faudrait faire quelque chose pour cesser de l'être.

Si nous avons une addiction quelconque, un peu plus de volonté nous permettrait d'en triompher.

Si nous souffrons de procrastination, nous croyons là aussi que c'est parce que nous manquons de volonté.

Voilà qui est tout à fait faux.

Et c'est parce qu'il le sait que Paul Celan nous invite à nous *en remettre* à la vie qui est là, dans la pierre de nos douleurs, mais qui y demeure de manière latente, inapparente.

Cette découverte s'applique dans de nombreux autres domaines.

Cézanne a longtemps peint des tableaux très lourds, maladroits. Il appela plus tard cette époque de son travail sa « période couillarde ».

Et puis, un jour, la pierre a fleuri.

Personne ne peut savoir pourquoi. Cézanne s'est juste complètement confié à la peinture.

Il est temps que la pierre s'en remette à l'impossible. Il est temps que la vie revienne là où elle a été fermée. Il est temps que ce qui est bloqué puisse enfin se libérer. Cela demande de la patience et de la confiance.

MÉDITATION SUR LA CONFIANCE

Voulez-vous le faire à votre tour ?

C'est tout simple. Consentez pour un moment à ne plus rien savoir. À ne rien décider. Consentez à rester là où vous êtes.

Consentir, c'est une chose un peu négligée, c'est laisser pleinement la vie agir, venir à nous – comme lorsqu'on s'est coupé, et qu'il faut juste attendre que la plaie cicatrise. C'est cela la confiance. Au début, ce geste peut sembler absurde.

Mais il faut en passer par là pour découvrir cet atout qui consiste à se fier à quelque chose dont on ne peut pas être absolument certain. Si j'ai confiance dans ce que tu me dis, c'est précisément parce que je n'en ai pas une absolue certitude.

Et c'est là toute la beauté de la vie.

« Il faut prendre exemple
non sur les sages,
mais sur les enfants. »

EMIL CIORAN

Abandonnez l'idée d'être sage

Être sage c'est, croyons-nous, être maître de soi, ne jamais s'emporter.

Cette conception vient, pour une grande part, des stoïciens et en particulier d'Épictète qui est devenu la référence de cet idéal. Une anecdote célèbre en témoigne. Alors que ce dernier était esclave, son maître se mit à lui tordre sa jambe malade.

Épictète lui dit : « Si tu continues, elle va casser. »

Le maître s'entêta. Au lieu de hurler de douleur, Épictète remarqua alors simplement, quand elle se brisa : « Je t'avais prévenu. » Il était resté serein, stoïque, impassible !

Eh bien, je ne crois pas du tout en cette sagesse empoisonnée. Et il est temps de nous en délivrer !

Épictète aurait bien mieux fait de crier un bon coup. Et, en plus, sa jambe n'aurait pas été cassée. Son cri aurait arrêté l'idiot qui était en train de la lui tordre.

Votre voisin a gagné à la loterie et vous êtes jaloux

Imaginez que votre voisin vous annonce qu'il a gagné à la loterie une très grosse somme d'argent. Ou encore que votre collègue de travail vient de recevoir une formidable promotion que vous espériez.

Vous ressentez de la jalousie.

Et vous avez honte. Vous croyez que vous devriez rester impassible !

Vous avez bien tort !

Si vous ne sentiez pas cette jalousie, vous seriez non pas un sage, mais un psychopathe.

Nous marchons sur la tête en croyant que ressentir telle ou telle émotion serait une faute, et même une faute morale.

Les émotions vont et viennent. Aucune émotion n'est en elle-même fautive. Ce qui importe est ce que nous en faisons !

C'est pourquoi Cioran a raison : « Il faut prendre exemple non sur les sages, mais sur les enfants. »

Que fait l'enfant ? Il entre en rapport très immédiat à ce qu'il vit. Il ne censure pas ses émotions, ses chagrins. Il les exprime et passe à autre chose.

Si vous voulez connaître la paix, ne vous fermez pas à ce que vous ressentez, mais explorez-le.

Méditation sur comment entrer en relation avec ses émotions

Faisons un petit exercice en deux temps.

Commencez par entrer en rapport avec votre état émotionnel. Sans l'analyser. Non, juste essayez, là, maintenant, de ressentir ce que vous éprouvez – un sens de détente ou de stress, un sentiment de joie ou de tristesse. Peu importe.

Puis, essayez de voir quel geste permettrait d'exprimer ce sentiment.

Pour vous aider, pensez à l'enfant. Joyeux, il vous saute au cou ; triste, il se réfugie dans vos bras ; en colère, il tape du pied par terre.

Il n'est pas nécessaire d'être aussi radical. Vous pouvez juste faire un geste avec votre bras ou simplement votre main.

Autorisez-vous ainsi à vivre un peu plus profondément dans toute son ampleur ce que vous vivez. À lui donner forme. Vous verrez, cela fait un bien fou ! Cela vous libérera. Vous découvrirez que pour être heureux, il n'est pas nécessaire d'être impassible et de se couper de son propre cœur.

« On apprend l'eau
par la soif. »

Emily Dickinson

La connaissance seule ne suffit pas

Par la connaissance, je peux apprendre beaucoup de choses sur l'eau, mais pas l'essentiel.

L'essentiel, seule l'expérience peut me l'apprendre.

Enfin, pas toujours.

Car l'expérience peut aussi me tromper. Je sens que cette personne ment, j'en suis convaincu. Or je peux me tromper. Nous sommes si souvent victimes de préjugés, comme en témoignent toutes les formes de racisme.

Avez-vous déjà désiré quelque chose ?

Mais alors comment faire ?

Écoutez la poétesse. Elle nous dit qu'on apprend l'eau, non simplement en y plongeant les mains, mais par la soif.

Avez-vous déjà désiré quelque chose ?

Alors vous le savez déjà !

L'intensité du désir nous pousse à nous ouvrir pour de bon à ce que nous cherchons à atteindre.

En ce sens, il est un grand professeur.

Malheureusement, toute une propagande actuelle prétend qu'il faudrait posséder ce que nous désirons pour être heureux. Vivre toutes les expériences que nous rêvons de faire. C'est tout à fait faux. Cela nous rend au contraire malheureux.

Notre désir ne peut plus prendre son envol.

Nous nous trompons sur ce qu'il pourrait nous apprendre.

Emily Dickinson, cette jeune femme vivant recluse dans le Massachusetts à la fin du XIXe siècle et qui écrivit pourtant une des œuvres les plus importantes, retrouve ici l'intuition oubliée de la grande philosophie grecque.

Éros, le désir, est le fils de Pénia, la pauvreté, et de Poros, l'opulence.

Par son ascendance maternelle, Éros est maigre, sans chaussures, couchant à la belle étoile.

Mais par son père, il est toujours en recherche de ce qui est beau et bon, persévérant, désireux de savoir.

Quelle profonde manière d'éclairer le sens du désir : désirer, c'est découvrir ce qui me manque le plus profondément et partir à sa recherche.

Pour Platon, telle est la définition même de la philosophie : non pas chercher cette sagesse flasque qu'on veut nous vendre au poids, mais se laisser saisir par le désir le plus ardent. Se mettre en mouvement.

Méditation sur comment découvrir notre vrai désir

Mais comment reconnaître ce désir qui peut nous éveiller et nous enseigner ce dont nous avons besoin au plus profond de nous ?

La difficulté est qu'il ne faut rien imaginer, ce que nous avons tous tendance à faire.

Il importe au contraire de prendre le temps de découvrir ce qui nous appelle. De quoi ai-je soif ? Qu'est-ce qui me manque de manière brûlante pour être plus entièrement qui je suis ?

Et en effet notre vrai désir nous vient des tripes, du plus profond de nous. Il faut donc apprendre à écouter cet appel en nous.

Je suis frappé que la plupart des discours, sociaux, politiques, religieux, nous enjoignent à éteindre cette brûlure. Ils cherchent à nous rendre calmes, performants et soumis… C'est terrible ! Car c'est cet embrasement proprement philosophique qui seul nous rend vivant. Lui seul ouvre toutes les portes. Toutes les fenêtres.

Sans lui, sans cette ardeur, rien de grand ne peut être fait !

« Je ne prends pas
le déguisement de ceux
qui tiennent à jouer un rôle
de sagesse, et se promènent
comme des singes
sous la pourpre et des ânes
sous une peau de lion. »

ÉRASME

Comment être authentique ?

Sur la scène du monde, chacun endosse divers rôles. Il est de bon ton de le critiquer, au nom de la nécessité d'être authentique.

Mais, heureusement, je ne suis pas le même avec ma vieille mère qu'avec mon patron ou mon fils de trois ans.

L'authenticité n'a de sens qu'articulée à toutes les formes de sociabilité qu'il nous faut apprendre et maîtriser.

Mais le problème surgit quand nous prenons ces rôles très au sérieux et commençons à être prêts à nous battre pour que les autres les prennent autant au sérieux que nous.

Vous êtes chez vous, tranquille avec votre conjoint. Puis, pour une broutille, une dispute commence et enfle.

Plus vous voulez prouver que vous avez raison, plus vous envenimez la situation. La relation n'a plus d'importance. L'autre n'est plus qu'un ennemi qui vous fait face. Le lien qui vous unissait il y a encore quelques minutes a disparu. Vous voulez juste remporter la bataille. Vous vous drapez dans vos arguments, dans vos principes.

Vous voyez bien que tout tourne au vinaigre. Ce n'est pas ce que vous voudriez.

Que faire ?

Cessez de prétendre être un sage sous la pourpre ou encore un lion qui a toujours raison.

Il faut accepter de n'être qu'un singe ou qu'un âne. Car nous le sommes tous. Il y a ceux qui sont prêts à le reconnaître et ceux qui le nient et s'aveuglent.

Partout où des hommes prétendent tout savoir, se situer au-dessus des autres, le mal ne peut pas manquer de pointer son nez.

J'ai pris l'exemple d'un conflit au sein du couple. Érasme, lui, écrit cette phrase en pensant aux guerres terribles qui ravagent, à son époque, l'Europe. En effet, au XVIe siècle, les guerres religieuses sont d'une terrible férocité. Chacun se fige sur ses positions, certain d'avoir raison et prêt pour cela à tuer l'autre.

Méditation pour laisser tomber les images que nous avons de nous-mêmes

Pour suivre Érasme, faisons une petite méditation.

Acceptez que vous ne serez jamais la mère parfaite, le père idéal, un collaborateur aimé de tous… Aussitôt vous n'avez plus à défendre cette image à laquelle vous pensez que vous devez correspondre. Vous avez peut-être un titre, une fonction, une responsabilité. Ne vous identifiez pas trop à eux. Cela vous rendrait intolérant.

Un ami devait enseigner dans un lycée difficile. Il était très inquiet. Avant de prendre son poste, il a été accueilli par un collègue expérimenté qui lui a dit : « De toute façon, vous n'y arriverez jamais. »

Il m'a confié que cette remarque l'avait complètement libéré.

Ce n'est pas un propos désespérant ou cynique. Au contraire. En renonçant à se prendre pour un héros qui doit tout réussir, on se fout la paix et on est plus libre, plus courageux, plus créatif ! Et on peut donner le meilleur de soi !

C'est merveilleux : bas les masques !

« C'est pour savoir
où je vais que je marche. »

Johann Wolfgang von Goethe

Cessez de vouloir tout planifier

Vous devez partir en voyage, vendre votre voiture, faire un clafoutis…

Vous pensez que l'important est de planifier le plus exactement possible toutes les étapes que vous allez devoir traverser pour être ainsi certain d'atteindre le résultat escompté.

Vous voulez prévoir où aller, comment y aller, quelles difficultés vous allez rencontrer et comment les parer.

Pour certaines actions, c'est tout à fait approprié.

Mais, pour ce qui est vraiment humain, c'est la plus mauvaise des approches.

Vous avez un rendez-vous professionnel important

Prenons une situation. Vous avez un rendez-vous professionnel important où vous devez présenter un projet.

Ou encore vous devez passer un entretien d'embauche, ou l'oral d'un examen.

Vous pouvez vous préparer au mieux. Répéter ce que vous allez dire. Envisager toutes les possibilités. Et puis, devant vos interlocuteurs, faire votre présentation impeccablement.

Il se peut néanmoins que cela ne fonctionne pas aussi bien que prévu.

Vous avez oublié l'essentiel. Rencontrer vos interlocuteurs. Comprendre leurs besoins. Leurs désirs.

Vous avez oublié comment se crée une vraie relation.

D'abord, on s'ouvre à l'imprévisible, à ce que peut dire l'autre qu'on n'avait pas imaginé. On accepte d'être déconcerté. Et là, une rencontre réelle avec l'autre peut avoir lieu.

Ce que l'on reproche au premier de la classe, ce n'est pas de ne pas avoir raison. Mais d'avoir toujours raison. De ne pas parler pour de bon. Avec ses tripes.

Quand j'ai commencé à faire des conférences, un de mes amis m'a donné un précieux conseil : « Prépare ce que tu veux dire le mieux possible. Et puis, une fois face à ton public, laisse tomber tes notes. Pars en chemin… »

Ce que Goethe, qui fut romancier, poète, mais aussi physicien et qui eut des responsabilités politiques, nous invite à comprendre est beaucoup plus radical que mes propos.

Il ne suffit pas de rester ouvert en cheminant, mais de découvrir que le sens de ce que je fais ne se dévoile qu'en m'y engageant. Si je choisis de faire tel métier, c'est peu à peu, à l'épreuve du réel, que je vais découvrir ce qu'il m'apporte. Si je décide d'écrire un livre, c'est en m'y consacrant que je vais comprendre le sens de ce travail.

Quand je suis fixé sur mon but, le chemin devient fastidieux. On n'a qu'une envie : qu'il soit fini, que l'on soit arrivé enfin à destination. C'est dommage ! Je manque tout ce que je pourrais y apprendre. L'intérêt de voyager, c'est justement, le voyage lui-même. C'est pourquoi le Rabbi Naham disait : « Ne demande jamais ton chemin à quelqu'un qui le connaît, car tu pourrais ne pas t'égarer. »

Méditation sur le chemin

La prochaine fois que vous allez vous promener, faites-en l'expérience. D'abord, soyez juste occupé par votre but. Ne voyez que lui.

Puis, laissez-le passer à l'arrière-plan. Et soyez davantage attentif à la situation. À ce qu'il y a autour de vous, pendant que vous êtes en train de marcher. Laissez-vous surprendre. Laissez-vous vous perdre. Cette approche vous rendra beaucoup plus heureux.

« Le combat est père
de toutes choses. »

HÉRACLITE

Ne renoncez pas

Le football a pris une place considérable dans nos sociétés. Voir un match, c'est découvrir deux équipes qui luttent l'une contre l'autre pour l'emporter.

Un combat loyal a lieu lorsque chacun est conduit à donner le meilleur de lui-même.

C'est magnifique et même parfois exaltant.

Et pourtant la phrase d'Héraclite, « Le combat est père de toutes choses », nous choque.

Est-ce qu'il faudrait vraiment se battre pour tout ?

N'est-ce pas là un propos violent, voire agressif ?

Nous le croyons, parce que nous confondons le combat avec la violence. Alors qu'ils sont deux choses tout à fait différentes…

Heureusement que dans un match de foot, il ne s'agit pas de détruire l'autre équipe ! Mais heureusement aussi que les joueurs ne décident pas de rester « zen » et renoncent au combat.

Et vous, quel combat avez-vous aujourd'hui à mener ? Faire manger les enfants ? Préparer une réunion ? Affronter ce désaccord entre vous et votre conjoint ?

Vous n'y arrivez pas et cela vous irrite.

Acceptez au contraire d'entrer pleinement dans le combat. Vous allez voir, cela change tout.

Je ne vous dis pas de vous battre *contre* quelque chose ou quelqu'un, dans une perspective de destruction, mais *pour* révéler ce que vous cherchez à dire ou à faire. Les choses ne sont pas tout le temps évidentes ; il faut parfois creuser, se démener pour trouver un passage.

Le combat est le père de toute chose car c'est par lui que tout peut apparaître, se déployer.

Sans combat, il n'y a rien.

Cette phrase me semble l'une des plus saisissantes que nous ait léguées la haute Antiquité, parce qu'elle nous donne une direction précieuse. Nous aimerions que les choses se manifestent toutes seules, sans lutte. C'est bien trop naïf.

Du coup, nous percevons le combat comme négatif, difficile et fatigant. Mais toute œuvre, tout projet, toute création n'existe que dans la mesure où ce qui est latent, inapparent se montre un peu plus.

Vous êtes en train de rédiger une note, un contrat, un mail, et il faut peser chaque mot, vérifier telle formulation et c'est alors que ce qu'il s'agit de dire apparaît enfin.

En refusant la tension, le combat, nous refusons à notre projet la possibilité de se manifester.

C'est pourquoi plus on explique aux gens qu'il faut être calme, détaché, plus on leur apprend l'impuissance.

Nous sommes heureux parce que nous réussissons à nous engager dans un combat vivifiant et créateur.

Méditation sur comment trouver la force de combattre

Mais comment faire pour avoir l'envie de combattre ?

Il suffit de retrouver votre désir profond.

Reprenons notre questionnement.

Quel combat avez-vous à mener aujourd'hui ?

Prenez quelques secondes pour sentir ce que vous cherchez à faire, à montrer, à créer par ce combat. Et alors, le combat devient passionnant.

Quelle astuce vais-je trouver pour faire manger ma fille ?

Au lieu de voir le combat comme une lutte épuisante et vaine, revenons à son sens profond. Soyons comme un grand joueur de foot. Ayons la rage au ventre. Soyons pleins d'énergie. D'inventivité. De passion.

« L'homme est sans doute
assez peu saint,
mais l'humanité dans sa personne
doit être sainte pour lui. »

EMMANUEL KANT

Embrassez votre propre humanité

Kant part d'une évidence : l'homme est sans doute assez peu saint.

Nous en faisons, en effet, le constat au quotidien. Nous avons nos limites, nos imperfections, nous commettons parfois des bêtises et des erreurs. Il est juste de le reconnaître.

Mais, nous dit encore Kant, l'humanité, dans notre personne, doit être sainte pour nous. Cette affirmation est étrange.

Qu'est-ce que cela peut bien vouloir signifier ?

Ne la réduisons pas à une proposition abstraite et intellectuelle. Kant nous invite à un exercice : toucher du doigt l'énigme de notre propre existence.

Car, qu'est-ce que l'humanité en nous ?

Est-ce l'âme ?

Est-ce la raison ?

Peut-être qu'il n'y a pas de mot pour qualifier cette sorte d'étincelle insaisissable.

Ce n'est pas grave. Car cette phrase, dans ce qu'elle montre, a eu un impact considérable dans l'histoire de l'Occident. Elle est au cœur de la révolution des Lumières qui proclama l'égalité en droit de tous les êtres humains, du seul fait qu'ils soient des êtres humains.

Vous vous faites marcher sur les pieds

Il y a quelque temps, l'un de mes amis a commis une erreur au travail et son patron s'en est publiquement pris à lui de manière violente et indigne. Lui-même s'est laissé ronger par la culpabilité d'avoir commis cette erreur. Et c'est vrai qu'il l'avait commise. La reconnaître est d'abord une question d'honnêteté, ensuite une manière de progresser.

Mais il n'y a aucune raison d'accepter pour autant d'être maltraité ou, pire encore, de se maltraiter : mon ami reste un être humain. Nous restons tous des êtres humains. Mais, étrangement, nous l'oublions.

Respecter cette humanité en nous est un devoir, un devoir à reprendre chaque jour.

Vous avez commis une faute, vous vous êtes mal comporté, vous avez failli.

Voyons alors comment faire !

Tout d'abord, commençons par le reconnaître. Tout simplement.

Mais ensuite essayons de sentir que cela ne change rien à cet essentiel que vous invite à découvrir Kant.

Vous avez des caractéristiques qui vous constituent : vous êtes un homme, une femme, vous avez un âge, des goûts particuliers, des défauts et des qualités.

Prenez le temps de sentir toutes ces caractéristiques.

Vous avez fait telle ou telle chose dont vous êtes fier et d'autres que vous regrettez.

Faites-en là aussi l'expérience.

Eh bien, tout cela n'atteint pas la chose la plus fondamentale de votre être. Cette étincelle, votre propre humanité.

Reconnaissez-la. Respectez-la. Elle mérite votre respect.

Et en un sens très profond, elle vous oblige. Vous devez vous respecter non pas parce que vous êtes riche, gentil ou blond aux yeux bleus, mais simplement parce que vous êtes un être humain.

C'est tellement apaisant.

« La morale est l'acte
d'extrême audace
du narcissisme. »

LOU ANDREAS-SALOMÉ

Refusez le conformisme

Lou Andreas-Salomé est une figure extraordinaire de la pensée du XXe siècle qui a eu une existence follement romanesque.

À vingt et un ans, elle rencontre Nietzsche qui tombe fou amoureux d'elle. À trente-sept ans, elle s'éprend de Rainer Maria Rilke, de quatorze ans son cadet. Puis, en 1911, à cinquante ans, elle lie une profonde amitié avec Sigmund Freud.

C'est sans doute ce dialogue avec ces trois géants de la pensée – un des plus grands philosophes, un des plus grands poètes et le père de la psychanalyse – qui permet à Lou de comprendre que ce dont l'homme d'aujourd'hui manque, c'est de narcissisme. Et c'est ce manque qui le rend si faible, à la merci, hier comme aujourd'hui, de toutes les formes de manipulation.

Nous ne le savons pas car nous sommes aveuglés par toute une idéologie qui affirme que Narcisse est le nom d'une faute indiscutable : être égocentrique, vaniteux, ne penser qu'à soi.

Mais comment le nom de la première fleur du printemps pourrait-il désigner une perversion ?

C'est d'autant plus étrange que Narcisse, dans toute l'histoire de l'Occident, n'a jamais symbolisé un être amoureux de lui-même au point d'en mourir.

Narcisse symbolise l'éclosion de la vie qui donne la force de dire « non » à la barbarie et au mensonge. De refuser le conformisme.

Vous faites face à une situation d'injustice

Au travail, un matin, vous découvrez qu'un de vos chefs est en train de parler de manière déplacée à la jeune stagiaire. Votre sang se fige. Il est même en train de la terroriser, abusant visiblement de son pouvoir. La stagiaire devient de plus en plus rouge. Éclate en sanglots.

Quelques personnes rient !

Vous ne savez que faire ? Faut-il intervenir ? Ne rien dire ? Vous hésitez !

C'est là qu'il faut revenir à Narcisse. C'est en vous retrouvant, en faisant confiance à ce que vous pensez, en ce que vous voyez, que vous pouvez trouver la force de dire « non » et d'intervenir.

Les résistants, aujourd'hui comme hier, doivent avoir suffisamment de foi en eux, de confiance, pour aller contre leur immédiate sécurité, et affronter le mur de la lâcheté.

Lou Andreas-Salomé a raison : « La morale est l'acte d'extrême audace du narcissisme, son aventure exemplaire. »

C'est pourquoi être invité à tuer en nous le narcissisme, à perdre confiance dans nos ressources, à nous sentir coupables favorise l'immoralité, la violence et la haine.

Méditation sur comment être narcissique

Être narcissique est pourtant moins difficile qu'on ne le croit. Il suffit de commencer par rencontrer pleinement ce que nous sommes, là, maintenant.

Vous vous rencontrez avec confiance et tendresse. Vous vous reliez à vous. À ce qui en vous est là, vivant. À ce qui en vous demande à croître, à se déployer, à grandir.

Et simplement en faisant cela, vous êtes déjà en train de dire « oui » à la personne que vous êtes – comme vous le diriez à un enfant en souffrance. Simplement. Sans bavardage. Sans faire d'histoires. Vous le prenez dans vos bras. Vous l'invitez à croître, à s'engager dans le monde, comme un oiseau s'engage dans le ciel.

« Tous les dragons
de notre vie ne sont
peut-être que des princesses
qui attendent de nous voir
beaux et courageux. »

RAINER MARIA RILKE

Comment retrouver sa vitalité ?

Vous connaissez sans doute ces images d'un chevalier qui terrasse un dragon. Dans la tradition chrétienne, il s'agit le plus souvent de saint Georges. Cet élément chrétien reprend une figure beaucoup plus ancienne.

Dans la mythologie grecque, Apollon tue l'effroyable Python.

En Égypte, Horus transperce d'un coup de lance le grand serpent Apophis. On retrouve cette figure jusque dans la tétralogie de Wagner où le jeune héros, Siegfried, tue le dragon qui garde les trésors les plus fabuleux.

Mais que symbolise donc cet étrange animal ?

Le monde souterrain, enfoui, marécageux, qu'il faut vaincre pour faire œuvre civilisatrice.

Mais ce combat ne passe pas nécessairement par la mise à mort de l'animal. Parfois, le dragon est simplement apprivoisé. On le voit alors attaché par un ruban que tient une jeune fille qui symbolise l'innocence, mais aussi le savoir le plus originel. Le savoir de l'âme. Elle sait que l'archaïque ne doit pas être détruit mais compris.

Ce qui est souterrain en nous, ce qui nous fait peur, ne doit pas être éliminé pour que règne la clarté, mais simplement apprivoisé. Car l'obscur contient aussi la vitalité, la force même de la vie. Il serait dommage de nous en priver.

Rilke, poète visionnaire s'il en est, nous propose une lecture époustouflante de ce mythe.

Tous les dragons de notre vie ne sont peut-être que des princesses qui attendent de nous voir beaux et courageux.

Vous avez été trahi, harcelé, méprisé

Vous avez vécu une profonde souffrance. Vous avez été trahi, harcelé, méprisé.

Que faire ?

Première réponse : l'affronter directement, au risque que la violence alors mise en œuvre ne détruise tout, vous compris.

Seconde réponse : fuir la difficulté. Détourner la tête. Ou, pour reprendre une expression à la mode, qui me hérisse, « lâcher prise ».

Nombre de philosophies, de psychologies nous proposent l'une ou l'autre de ces approches. Rilke nous propose une autre direction : faire que ce qui est blessé s'apaise et se transforme.

Comment faire ?

Il faut approcher de sa douleur. Il faut la reconnaître. Il faut rencontrer le dragon.

Cela demande du courage.

Et c'est pourquoi il faut parfois être aidé de la princesse qui est votre propre innocence, votre propre bonté.

C'est elle qui, en vous, vient s'approcher de la douleur et la regarde. Elle vous aide à découvrir que ce qui est blessé, s'il est reconnu, s'apaise et devient bienfaisant.

C'est là le sens le plus vrai de la méditation. Inventer un tout autre rapport aux difficultés et aux douleurs de la vie.

On nous propose bien trop de recettes et de trucs pour ne plus avoir de problèmes. Voilà qui nous prive de nos ressources, et enlève toute profondeur à l'existence : aucune princesse ne peut plus apparaître, et nous ne pouvons plus être beaux et courageux.

« Il n'existe pas
sur cette terre de choses
vers lesquelles on puisse
se pencher avec
condescendance. »

OLGA SEDAKOVA

Apprendre à se parler

Si je vous regarde de haut, vous n'allez pas du tout apprécier.

Vous allez peut-être même vous sentir blessé.

Mais pourquoi ?

Parce que celui qui regarde quelque chose ou quelqu'un de haut ne peut plus le rencontrer.

La profondeur de son être, sa richesse, sa singularité sont niées.

Cela arrive tous les jours. Tant de gens sont regardés avec condescendance. Et la violence qu'ils en ressentent est beaucoup plus grande qu'on ne le dit généralement.

Vous apprenez à regarder les choses et les êtres

Et même une chose insignifiante devrait être regardée avec considération. C'est par là qu'il faut commencer.

Prenons l'exemple d'une pomme.

Ne la regardons pas en passant, un peu rapidement, dans un regard de survol.

Je choisis ce fruit parce qu'il existe un guide précieux, un peintre, qui m'a appris à les regarder.

Ce peintre, c'est Paul Cézanne.

Il a peint toute sa vie des pommes comme personne ne l'avait jamais fait avant lui. Non seulement il s'est vraiment mis à leur hauteur, mais plus profondément encore, il les regardait comme s'il ne les connaissait pas d'avance, et donc avec la plus grande attention, la plus profonde tendresse et la patience la plus soutenue.

Je pense que l'art moderne est né au moment où Cézanne a découvert qu'une pomme n'est pas juste un fruit, mais l'occasion d'une expérience d'une profonde humanité.

Le critique d'art Meyer Schapiro en a tellement été frappé qu'il affirmait que la pomme joue chez Cézanne le rôle des grands nus de la peinture classique. Regarder une pomme avec le même amour que celui de Corrège contemplant le corps d'une femme nue. Quel renversement !

Depuis des siècles, on considérait que ce qui était intéressant, ce n'était pas une pomme, mais un corps parfait ou encore les grandes questions de l'existence.

Peut-être nous étions-nous trompés.

On peut dans une pomme toucher la vérité de ce que sont la vie, la mort ou la justice. C'est là, la grande leçon de la modernité : tout regarder sans hiérarchie.

Et c'est vrai ; si je regarde une pomme avec considération, je vais apprendre à regarder les hommes, ceux qui sont en marge, qui sont opprimés, ceux que d'ordinaire on ne voit pas. Car tout va devenir important.

Méditation sur le fait de dire bonjour

Apprenons à méditer comme Cézanne. Essayez simplement de dire bonjour à *tout* ce que vous rencontrez.

Regardez autour de vous. Ce vêtement, ce verre, ce parapluie – dites-leur bonjour.

Et puis, laissez-vous être affecté par leur présence. Entrez dans un rapport d'intimité avec eux.

En regardant la tasse posée sur mon bureau, je me rends compte qu'elle accompagne mes heures avec tant de dignité. Elle n'est pas un simple objet indifférent et interchangeable : elle est une vraie compagne.

Et cet homme, comment le regarder sans le dévisager ? En me sentant en lien avec lui !

« La couleur remue le fond
sensuel de l'homme. »

Henri Matisse

Comment mieux vibrer

Pour prendre toute la mesure de cette phrase, je voudrais vous inviter à une expérience. Regardez autour de vous en essayant de ne porter attention qu'aux couleurs que vous percevez.

Généralement, on n'y prête pas attention. On regarde des choses et on les identifie : on voit un arbre de couleur verte, mais pas simplement le vert.

Regardez à présent le vert seul, sa qualité toute particulière.

Laissez-le être là, dans toute son intensité.

Laissez ce vert remuer le fond sensuel de votre existence. Il n'est plus séparé de vous. Votre être tout entier est travaillé par cette vibration.

Cette expérience a beaucoup plus de sens qu'il n'y paraît à première vue.

Souvenez-vous d'un moment où vous avez été touché

Quand avez-vous été touché pour la dernière fois, que ce soit par un spectacle, une musique, ou une rencontre ?

Eh bien, il est possible de vivre cette expérience de manière beaucoup plus ample et profonde.

La plupart du temps, être touché est une expérience qui reste un peu superficielle. Je suis touché par le coucher du soleil, par ce cadeau que je viens de recevoir.

Cela reste rapide et parfois même imperceptible.

Matisse nous invite à une exploration qui peut vraiment nous transformer. Car, l'air de rien, il met à mal toute la structure philosophique dans laquelle nous vivons depuis des siècles et qui nous égare sans même que nous en soyons conscients.

En effet, nous avons été conduits à croire que la couleur est accidentelle et accessoire : peu importe que le pot soit bleu ou vert, ce qui compte est que ce soit un pot.

Peu importe nos émotions, ce qui compte c'est notre conscience raisonnable.

Or, cette conception nous empêche de nous réjouir de cette dimension, qui est là, à portée de main.

Il ne s'agit cependant pas de trouver cette couleur agréable et celle-ci jolie. Ce n'est pas cela que veut nous apprendre Matisse.

Il nous invite à nous laisser habiter, transformer, traverser par la couleur.

Quand vous allez choisir votre prochain pull, votre prochaine écharpe, essayez de faire attention à sa couleur. De voir ce qu'elle vous fait éprouver.

Laissez-la vous émouvoir.

C'est une expérience très singulière car elle n'est ni tout à fait physique et sensible ni cérébrale et intellectuelle. Elle touche à une autre dimension de notre être que nous négligeons.

Je peux à présent vous dire le grand secret de la phrase de Matisse. En laissant la couleur nous remuer et toucher la profondeur de notre âme, elle nous émeut, elle nous met en mouvement – et nous fait ainsi entrer dans la joie la plus pure.

Laisser la couleur venir en nous, c'est se laisser *emplir* par la vie.

Vous avez découvert le chemin le plus direct pour retrouver la joie d'être.

Les propos de Matisse éclairent aussi le sens profond de cette autre sagesse que je veux ici défendre, une sagesse où on ne se protège pas de l'intensité de la vie, mais où on la célèbre.

« Soyez humain
si vous voulez être original ;
plus personne ne l'est. »

Max Jacob

Que faire de nos difficultés ?

On condamne parfois Nietzsche parce qu'il a sombré dans la folie, Virginia Woolf parce qu'elle s'est suicidée, on pense que Monet a peint *Les Nymphéas* sans contours parce qu'il avait des problèmes de vue ou que l'œuvre si intensément colorée de Van Gogh s'explique par son épilepsie.

En réalité, le secret de leur œuvre ne vient pas du fait que ces créateurs ont eu tel type de souffrance ou telle maladie, mais de l'usage qu'ils ont fait de leurs difficultés.

Le génie naît de la manière dont l'homme se relie à ses blessures pour en tirer une leçon d'humanité.

Il nous est difficile de l'accepter.

Pour nous, les héros sont ces hommes auxquels rien ne résiste, ces femmes qui ont un boulot de rêve, qui passent d'un avion à l'autre avec un brushing parfait… En tout cas, c'est ce qu'on veut nous faire croire. Et tant d'experts, tant de discours participent de ce mensonge : ils cherchent à nous apprendre à être toujours au top, toujours performants, à n'avoir aucun sentiment hostile, de pensées troublantes ou douloureuses !

À les suivre, on ne peut que se sentir coupables d'être humain.

Soyez humain quand plus personne ne l'est

Le poète Max Jacob avait raison : « Soyez humain si vous voulez être original ; plus personne ne l'est. »

Mais comment être humain quand plus personne ne l'est ?

Rien de plus simple ! Il suffit de vous foutre la paix ! J'ai compris peu à peu que là était la clef en remarquant à quel point nous sommes jugés, examinés, notés, et ce afin d'être sélectionnés. Sélectionnés pour telle mission, pour tel poste… Nous avons intégré ce regard qui exige de nous de n'avoir aucun état d'âme, aucun trouble, aucune hésitation.

Il est temps de nous foutre la paix. De nous autoriser à être humain.

Mais comment faire ? Max Jacob nous donne ce conseil :

« Il ne s'agit pas dans la méditation, écrit-il, de trouver des idées d'homme de lettres, mais de se convaincre de ce qui est élémentaire, d'en dégager l'émotion, de cultiver cette émotion comme un acteur, de sentir l'émotion descendre vers les côtes, surtout celles qui sont voisines du ventre. Là est le siège de l'âme, le plexus solaire[1]. »

Et, en effet, Max Jacob a raison, être humain implique de revenir à ce socle fondamental – à ce qui est plus profond en nous que nos accomplissements, nos réussites ou nos échecs.

Cela demande du courage ! Car rencontrer notre propre humanité, c'est découvrir que nous pouvons être touchés, blessés, émus… Et cela nous fait peur.

Nous croyons qu'approcher ce point de tendresse va nous rendre inadaptés. Que nous serons alors trop fragiles. Et qu'il nous faut au plus vite nous blinder. Porter une carapace. Étouffer notre propre cœur.

Or c'est le contraire. C'est la peur de rencontrer ce que nous sommes qui nous fait perdre nos moyens. Nous rend faux, durs et brutaux.

1. Max Jacob, *in* Yvon Belaval, *La Rencontre avec Max Jacob*, Paris, Charlot, 1946, p. 124.

« Avec tes défauts,
pas de hâte. Ne va pas
à la légère les corriger.
Qu'irais-tu mettre
à la place ? »

HENRI MICHAUX

Sachez vous apprécier

Quand nous constatons un de nos défauts, nous avons tendance à en avoir honte, à chercher à nous en débarrasser. Vite, une gomme pour effacer tout ce qui, en nous, nous dérange.

N'est-ce pas là au fond ce que nous prenons pour une grande sagesse – une gomme très efficace ! Ce côté de vous vous irrite, il faudrait l'effacer.

Et celui-là vous rebute, reprenons la gomme.

Mais que serons-nous une fois que nous aurons tout effacé ?

Des êtres lisses, sans relief, sans trop de vie non plus.

Mais, pourtant, n'est-il pas souhaitable d'être enfin débarrassés de nos défauts ?

Nullement, car alors, comme le remarque le poète Henri Michaux, qu'irions-nous mettre à la place ?

Avec les gommes et les corrections, nous n'arrangeons rien, nous réussissons juste à nous faire du mal.

« Avec tes défauts, pas de hâte » – il faut les rencontrer. En faire des choses. Des figures. Des monstres. Des fées.

C'est là la grande leçon des grands artistes qui résistent à l'idée de se fondre dans les normes stérilisantes. Ils savent faire de leurs défauts des forces, des atouts, des opportunités.

Vous avez des défauts. Formidable ! Partez les explorer.

Vous êtes impatient en faisant la queue

Vous êtes en train de faire la queue à la caisse d'un magasin. Et cela dure. Vous êtes de plus en plus énervé d'attendre.

Et, en plus, votre réaction vous contrarie. Ah ! si j'étais moins impatient, pensez-vous. Mais cette remarque, loin de vous apaiser, ne fait que renforcer davantage votre irritation.

Quelle étrange idée de croire que sans votre impatience, vous seriez quelqu'un de mieux !

Les êtres humains les plus extraordinaires que j'ai rencontrés n'étaient pas du tout sans défauts, mais ils avaient su en faire quelque chose. Le problème avec vos défauts est que vous ne les aimez pas. Cela les rend encore plus lourds et grinçants. Si vous les aimiez, ils vous feraient des cadeaux précieux. Vous découvririez la sagesse merveilleuse qui est en eux.

Mais que pouvons-nous faire de nos défauts ?

Pour le découvrir, commençons par essayer de déterminer ce qui, vous, vous irrite. Sentez combien cela est contrariant d'avoir tel ou tel travers. Sentez combien vous voudriez faire disparaître de vous cette impatience, cette peur, cette gêne ou encore cette timidité. Sentez votre colère à leur encontre.

Vous êtes sans doute à présent encore plus crispé.

Maintenant, changeons d'approche.

Rencontrez votre problème comme si vous écoutiez un morceau de musique. Avec curiosité et intérêt. Sentez son rythme, sa mélodie… Vous allez découvrir que votre impatience, par exemple, vous invite à aller de l'avant. Elle est chatoyante, tourbillonnante.

Par cette méditation, vous faites la paix avec vous. Vous mettez un terme à cette guerre qui dure depuis trop longtemps entre vous et vos défauts. Vous allez découvrir que vos défauts prennent ainsi une tout autre figure que celle que vous leur connaissiez.

Vous n'allez plus les reconnaître.

Ils vont cesser de vous faire du tort.

Ils vont devenir un trésor.

« Bien des choses
doivent rester lourdes,
et les marchands d'âmes
veulent rendre tout léger. »

NELLY SACHS

Sachez quand sourire

Ne vous a-t-on jamais demandé de sourire alors que vous étiez triste ou soucieux ?

Quand je me retrouve dans cette situation, je suis mal à l'aise. C'est comme si j'étais coupable de sentir le poids des choses.

Le sourire est magnifique quand il apparaît comme un don, mais pas quand il doit signifier que rien ne doit être grave.

Depuis que je suis enfant, on me reproche d'être trop sérieux. Et en effet les choses me tiennent à cœur, souvent trop. Plus jeune, j'ai essayé de me transformer, sans beaucoup de succès, il est vrai. Et puis j'ai découvert cette phrase de Nelly Sachs, cette poétesse qui a reçu le prix Nobel de littérature en 1966, et tout s'est remis en ordre.

« Bien des choses doivent rester lourdes, et les marchands d'âmes veulent rendre tout léger. »

Rendre tout léger : ce projet, sous des dehors sympathiques, est d'une très grande violence.

Rendre tout plaisant, c'est s'empêcher de voir ce qui ne l'est pas, ce qui demande à être transformé, changé ou refusé. C'est nous rendre impuissants.

Vous allez devenir père

Un de mes amis va bientôt être père, et cela l'inquiète fortement. Et ce d'autant plus qu'il croit qu'il devrait être uniquement heureux. N'est-ce pas ce que tout le monde lui dit ?

Mais c'est là mettre la charrue avant les bœufs. Il faut commencer par reconnaître qu'être père est une responsabilité qui peut sembler bien lourde.

Il y a un poids à devenir parent, à donner la vie. Et c'est en l'acceptant que l'on peut découvrir une vraie joie. Non en le niant.

C'est ce que savaient les Grecs, qui inventèrent la tragédie pour apprendre aux hommes à retrouver un rapport sacré à la vérité de l'existence – en assumant le poids de leurs engagements et de leurs décisions.

Ces propos pourraient donner lieu à un malentendu. Il ne s'agit pas de rendre les choses lourdes. Vouloir que tout soit lourd, ou vouloir que tout soit léger, c'est au fond faire la même erreur. Ôter aux choses leur poids véritable.

Or, tout l'art d'être humain consiste précisément à peser chaque situation, chaque événement, de façon juste, en sachant ce qu'il nous faut alléger et ce qui, au contraire, doit retrouver son poids juste.

Méditation pour donner le juste poids à son émotion

Pour apprendre cet art, considérez une émotion que vous êtes en train de vivre ou que vous avez vécue ces derniers jours.

Prenez le temps de la rencontrer.

À quel endroit de votre corps en ressentez-vous le plus directement la présence ?

Dans votre poitrine, dans votre ventre, dans votre gorge ?

Et si votre émotion avait une forme, quelle serait-elle ?

Si elle avait une couleur, laquelle serait-ce ?

Quelle sensation est liée à l'émotion que vous éprouvez ? Est-ce une sensation de serrement, de contraction, de chaleur ?

Peut-être pouvez-vous maintenant nommer l'émotion : est-ce du chagrin, de la solitude, de la tendresse… ?

En faisant cela, en explorant l'émotion que vous vivez, vous êtes en train de lui donner son poids juste. Ni plus. Ni moins.

« Déjà essayé.
Déjà échoué.
Peu importe.
Essaie encore.
Échoue encore.
Échoue mieux. »

SAMUEL BECKETT

DE L'ART D'ÉCHOUER

Redoutez-vous d'échouer ? Est-ce douloureux pour vous ? Alors cette phrase de Samuel Beckett est faite pour vous.

Elle retourne complètement la croyance qu'échouer égale être en faute.

VOUS VOULEZ APPRENDRE UNE NOUVELLE DISCIPLINE, LE TANGO, L'AVIRON...

Vous voulez apprendre une discipline nouvelle : le tango, l'aviron ou je ne sais quoi.

Prenez exemple sur l'enfant qui apprend à marcher. Ce n'est pas parce qu'il chute qu'il se décourage et en conclut qu'il est un incapable. Au contraire : il faut qu'il chute pour apprendre à se relever et peu à peu savoir marcher.

Si vous ne voulez pas chuter, ne cherchez pas à vous tenir debout. Renoncez à vivre.

Refuser l'échec, c'est vous condamner à l'impuissance.

L'accepter, c'est pouvoir réussir.

Mais Beckett ne nous dit pas simplement d'accepter d'échouer pour *ensuite* réussir. Il nous invite à échouer *mieux*.

Pourquoi ?

Veut-il nous enfermer dans l'échec et la souffrance ?

Pas du tout. Au contraire.

« Échoue mieux », cela veut dire « assume pleinement le sens profond de l'échec », « découvre comment entrer dans la dynamique même de ta vie ».

Avez-vous déjà vu les manuscrits raturés de Proust ?

Quelle leçon d'échec !

Proust collait sur ses pages déjà raturées des petits bouts de papier, qu'il nommait des « paperolles », lui permettant d'ajouter ici une phrase, là un paragraphe. Il témoigne qu'être un grand écrivain c'est connaître l'art de bien échouer.

À chaque fois que Proust reprenait son texte, il ne cessait de constater que quelque chose n'allait pas, et il tentait de rajouter ou de supprimer un passage. Il ne s'agit donc pas de surmonter l'échec mais de l'habiter au point qu'il transforme complètement le projet qu'on avait au départ.

Vous m'avez suivi jusqu'ici et vous pouvez accepter que l'échec fasse partie de la vie.

Mais vous avez une objection. Parfois c'est douloureux. Vous avez invité hier à dîner des amis et votre tarte avait un petit goût de brûlé. Vous vous sentez mal.

Examinons ce qui se passe alors.

Votre première réaction est de réagir par la colère. C'est la faute de votre four qui ne marche pas bien, ou de vos enfants qui ont toujours des choses à vous demander au mauvais moment. Ou alors vous concluez que vous êtes de toute façon mauvais cuisinier.

Ces deux approches sont malheureuses.

On met aujourd'hui beaucoup l'accent sur la réussite, mais on n'apprend pas à travailler avec le fait que les choses ne vont pas toujours comme nous le voulons.

Comment triompher des emmerdes ?

Au lieu de réagir par la colère ou le désespoir, sentez que vous êtes blessé, que vous avez de la peine. C'est cela échouer mieux, rencontrer votre propre fragilité, votre propre humanité. Pouvez-vous vous autoriser à ressentir ce que vous éprouvez ? Pouvez-vous accepter que tout ne se passe pas toujours comme vous le voulez ?

« L'intelligence
est caractérisée
par une incompréhension
naturelle de la vie. »

Henri Bergson

Comment retrouver la profondeur de votre vie

Si cette phrase n'était pas celle d'un des plus grands philosophes français, Henri Bergson, on pourrait croire à une blague.

En quoi l'intelligence ne comprendrait pas la vie ? Cela semble exagéré.

Au contraire, c'est elle, l'intelligence, qui nous fait sortir des réflexes primaires et des préjugés. Et c'est bien d'elle dont nous manquons dans notre monde.

Mais que veut donc dire Henri Bergson ?

« L'intelligence est caractérisée par une incompréhension naturelle de la vie. »

Pour le comprendre, partons de ce qu'est l'intelligence.

Elle est ce qui ordonne, met en ordre. Dans la diversité des phénomènes, elle nous fait découvrir des invariants, des lois. Elle permet de généraliser.

Formidable !

Cela nous donne la possibilité de développer notre connaissance du réel.

Mais le problème est qu'en œuvrant ainsi, l'intelligence supprime la durée, le mouvement, la densité propre à notre expérience personnelle. Celle que nous faisons dans la lumière de ce matin-ci.

Autrement dit, l'intelligence nous fait manquer la vie ! Notre propre vie !

Vous vous ennuyez souvent

Vous arrive-t-il de vous ennuyer ?

C'est sans doute parce que vous êtes trop intelligent. Oui, vous m'avez bien entendu.

Prenons un exemple. Vous devez aller déjeuner chez vos beaux-parents. À peine arrivé, vous savez déjà d'avance ce que vous allez manger, ce qui va se dire. Et cela vous pèse. Avec votre intelligence, vous êtes en train de généraliser le repas.

Vous n'allez pas goûter cette salade de tomates, mais l'abstraction d'une salade de tomates. Cette salade est devenue par votre intelligence « une salade » que vous connaissez et non celle-ci, unique, incomparable qui demande, pour être dégustée, de prendre un certain temps.

Si vous voulez que votre vie devienne plus palpitante, il faut mettre de côté votre intelligence et revenir à ce qui vous est le moins général, le moins mécanique : vos perceptions, vos émotions, vos sensations…

Certes, cela demande de faire un effort pour passer de notre intelligence habituelle à cette expérience dense et unique. Mais cela vaut la peine !

Méditation sur comment se défaire de notre trop écrasante intelligence

Faisons une petite méditation pour mettre de côté cette redoutable intelligence qui a tendance à tout mettre d'avance dans des cases.

Là, maintenant, ouvrez-vous tout simplement à la richesse de ce que vous êtes en train de vivre.

Peut-être allez-vous remarquer avec netteté un détail que vous n'aviez jamais observé avant, par exemple le motif de l'abat-jour ou de la moquette devant vous. Vous avez toujours vu cette lampe ou cette moquette, pourtant, c'est la première fois de votre vie que vous la contemplez avec ce regard ouvert.

Si vous voulez être heureux, c'est à lui, à ce regard toujours neuf, qu'il faut se confier.

« L'homme ne doit pas
tenter de dissiper
l'ambiguïté de son être,
mais au contraire accepter
de la réaliser. »

SIMONE DE BEAUVOIR

Ne soyez plus unilatéral

Non, cette phrase n'est pas facile. Prenons donc le temps de la comprendre.

Est ambigu ce qui a plusieurs sens, plusieurs directions, plusieurs côtés, plusieurs caractères. En général, on voudrait éviter ces ambivalences.

On cherche à ce que tout soit ramené à un sens univoque, quitte à ce qu'il soit unilatéral. Ce serait le prix à payer pour être efficace.

Et, en effet, nombre de discours politiques, idéologiques, essayent d'effacer toutes les opacités. Ils cherchent à supprimer toutes les couleurs, les zones de gris pour l'évidence du noir et blanc.

À l'âge des communicants professionnels, c'est même devenu un sport !

Mais dissiper ainsi l'ambiguïté, est-ce toujours légitime ?

Pour le savoir, examinons une situation de la vie quotidienne.

Vous devez prendre une décision, par exemple poursuivre ou non votre relation avec cette personne, déménager, accepter un nouveau travail.

Vous avez un doute.

En réalité, ce que vous prenez pour une difficulté est une chance.

Car si vous hésitez, c'est que vous êtes libres.

Si dans toute situation une seule chose s'imposait, une seule personne, un seul appartement, un seul métier, ce serait horrible.

Le fait de pouvoir choisir participe de la richesse même de l'existence.

Mais la contrepartie est qu'il me faut accepter que je ne puisse jamais être certain à 100 % que mon action est la meilleure possible.

Être libre est vertigineux. On oublie trop souvent de le dire.

Et c'est parce que Simone de Beauvoir avait la passion de la liberté qu'elle souligne le danger de vouloir tout simplifier.

L'idéologie actuelle selon laquelle il faudrait se calmer, être zen, tout gérer dans notre vie, ne fait, en réalité, que nier notre liberté. C'est terrible !

Car il nous faut tout au contraire apprendre à habiter au cœur de l'ambiguïté, c'est-à-dire au cœur de l'ouverture, au cœur du possible.

Comment faire ? C'est là que la méditation sur le sens de l'humour est précieuse.

Avoir de l'humour, c'est reconnaître qu'il y a un côté Charlot ou Buster Keaton en chacun de nous et lui demander de nous aider.

Vous avez acheté une nouvelle paire de chaussures. Quelques jours plus tard, en voyant cette autre paire dans une boutique, un doute vous saisit ! C'est celle-ci que vous auriez dû prendre.

Il faut alors laisser votre Charlot intérieur voir ces mésaventures, ces possibles déroutants, et découvrir comment en rire.

Lorsqu'on prend les choses trop au sérieux : l'ambiguïté devient effrayante. Se tourner vers notre capacité à nous amuser de toutes situations, c'est desserrer l'esprit sérieux qui est en train de nous crisper.

Regardons la situation sous d'autres angles, ayons une vision plus large – et tout devient plus facile.

« Le café, lorsque vous l'avez
terminé, il vous donne
encore le temps
de réfléchir. »

GERTRUDE STEIN

PHILOSOPHEZ AU QUOTIDIEN

Étrange ! Comment le fait de boire du café vous permettrait de réfléchir ?

Pour nous, la pensée est identifiée à la réflexion intellectuelle. Les occupations de la vie quotidienne, si elles peuvent nous donner du plaisir, restent assez superficielles et banales.

Gertrude Stein, poétesse étonnante du XXe siècle, amie de Picasso – qui fit d'elle l'un de ses plus célèbres portraits –, pensait exactement le contraire. Les actes de tous les jours peuvent avoir une très profonde signification et nous permettre de transformer notre existence.

VOUS ÊTES STRESSÉ !

Vous êtes stressé ! J'ai une proposition à vous faire. Buvez une tasse de café. Si vous n'aimez pas le café, rien n'est perdu, du thé ou une tisane feront aussi bien l'affaire.

L'important est juste de prendre le temps de boire ce breuvage. Parce que simplement, en faisant cela, vous êtes en train de changer votre rapport au temps.

Vous sentez l'odeur extraordinaire du café, son goût unique. Et pendant que vous le dégustez, vous êtes en train de lever l'ancre. Vous entrez dans l'épaisseur du temps.

Autrement dit, en buvant votre café, vous faites quelque chose qui n'a pas directement quelque chose à voir avec le café. Vous vous dégagez de vos préoccupations habituelles. Et c'est pourquoi ce moment peut vous apporter de nouvelles idées.

Quand le café est fini, ce temps est encore là, pour un moment encore.

Car l'important est qu'en faisant cette pause, en un sens très simple, tout a changé. Ce qui vous énervait il y a quelques minutes, vous énerve beaucoup moins. Et vous êtes plus disponible.

Ne confondons cependant pas cette expérience profonde et vaste avec ce que beaucoup appellent les petits bonheurs. Il ne s'agit pas de se réjouir de ces petits riens, en réalité un peu niais, mais de libérer de fond en comble votre propre existence.

Avant de déménager à Paris, Gertrude Stein était l'une des étudiantes les plus passionnées de William James. Ce philosophe américain a repensé ce qu'est notre conscience. La vie de l'esprit, expliquait-il, est comparable à l'oiseau qui alterne entre le vol et les périodes de halte, et c'est en revenant à cette alternance que l'être humain peut retrouver la jubilation de vivre.

En vous arrêtant pour prendre votre boisson, vous retrouvez votre propre esprit dont le mouvement n'a pas à être celui continu d'un train, mais celui d'une danse dont le rythme ne cesse de changer.

MÉDITATION SOUS LA DOUCHE

Vous pouvez faire cet exercice avec tout ce qui vous permet de faire une pause et donc de changer votre rapport au temps. Moi, j'aime particulièrement la méditation sous la douche.

Pendant que je prends ma douche, je me laisse distraire par le bonheur de l'eau chaude, et ainsi j'oublie, pour un moment, mes préoccupations habituelles. En sortant de la douche, j'ai l'impression d'être différent, que tout est différent.

Et vous, quelles tâches vous permettent, quand vous les avez accomplies, de vous donner encore le temps de réfléchir ?

« Sans se pencher
sur le présent,
il est impossible
de comprendre le passé. »

Marc Bloch

SACHEZ QUESTIONNER

Cette phrase de Marc Bloch, l'un des grands historiens français de la première moitié du XXe siècle, est déconcertante car nous croyons spontanément que l'histoire est l'étude de ce qui s'est passé autrefois.

Or, il n'existe pas quelque chose de figé dans un ailleurs temporel qu'il s'agirait de retrouver. Il n'y a tout simplement pas de passé objectif.

C'est très surprenant, mais Marc Bloch a raison. Le passé n'apparaît qu'au fil des questions que nous lui posons. On ne le connaît pas comme on peut se souvenir d'une liste de courses.

On ne le rencontre qu'à mesure de l'enquête que nous menons à son propos.

Et c'est pourquoi être historien, c'est bien plus un travail de questionnements, que d'enregistrement de faits.

Repensez à votre enfance ou à une étape marquante de votre vie

Pensez à votre propre existence, car c'est exactement pareil.

Si vous avez vécu une grande difficulté dans votre enfance, vous avez, vous aussi, à l'interroger selon votre présent.

Par exemple, il peut arriver que vous ne vous en souveniez pas pendant des années.

Et puis, d'un seul coup, cette difficulté refait surface. Et ce n'est généralement pas par hasard.

Vous voyez, notre propre histoire n'est pas du tout figée. C'est à partir de votre présent que vous êtes capable ou non de l'accueillir et que surgit ou reste enfoui tel ou tel épisode de votre vie.

De même, vous n'interprétez pas telle blessure ou tel événement de la même manière à tous les moments de votre existence.

Une expérience qui vous a semblé difficile à telle époque peut aujourd'hui vous apparaître comme vous ayant permis de prendre une direction qui s'est avérée juste et bénéfique.

Être humain, c'est être confronté à cette exigence que notre propre passé, comme le passé du monde, est toujours à repenser.

Comme nombre d'entre vous, j'ai été bouleversé en voyant Notre-Dame de Paris brûler.

Mais pourquoi ?

Si nous croyons que Notre-Dame incarne quelque chose de figé à jamais, un monument français médiéval, nous ne pouvons pas comprendre pourquoi tant de gens, par exemple ceux qui ne sont pas chrétiens ou qui n'ont pas d'intérêt particulier pour le patrimoine, ont pu être aussi ébranlés.

Prenons donc appui sur l'invitation de Marc Bloch. Qu'est-ce que nous dit Notre-Dame ? Non pas hier, mais aujourd'hui ?

Là, il n'y a pas besoin d'avoir des connaissances en architecture pour sentir qu'elle converge vers le haut. Elle manifeste ainsi le sens le plus frappant de l'élévation.

Notre-Dame n'incarne pas la fluidité de la circulation, propre aux échanges marchands, comme un aéroport.

Elle nous invite à faire l'épreuve de quelque chose de plus grand que soi, qui nous dépasse. Et cela chacun peut le vivre selon son histoire, ses engagements, sa propre existence.

Mais pour chacun de nous, la flèche qui tombe, c'est cette élévation qui s'effondre.

« Ne méprisez la sensibilité
de personne ; la sensibilité
de chacun, c'est son génie. »

CHARLES BAUDELAIRE

Et si le propre de l'homme n'était pas sa raison ?

Nous croyons spontanément que ce qui constitue le propre de l'être humain, c'est sa raison. Cette conviction repose sur une très longue tradition : le corps est ce qui est inférieur, tandis que notre tête, au sommet de notre corps, nous relierait à un domaine considéré comme supérieur.

C'est à cause de cette conception que l'éducation veut nous élever hors de notre sensibilité trop corporelle, imprécise, confuse pour nous faire atteindre la clarté du concept et du raisonnement.

La phrase de Baudelaire déplace tout : la sensibilité est non une dimension obscure et aveugle, mais une connaissance profonde, unique et décisive.

Vous êtes en vacances et vous avez prévu d'aller à la plage tous les après-midi. Mais en avez-vous vraiment envie ?

Une de mes amies, l'été dernier, a réalisé, à sa propre surprise, qu'elle n'aimait pas cela. Elle ne s'était même jamais autorisée à le sentir. Elle se forçait à suivre un usage familial.

Discerner ce que l'on sent n'est pas si facile.

Beaucoup de gens ne savent pas ce qu'ils aiment.

Ils sont privés d'un savoir précieux.

Baudelaire nous invite à une découverte plus radicale encore. La sensibilité n'est pas juste une forme de connaissance, elle est notre génie propre qui nous permet de nous orienter dans la vie. Je ne choisis pas tel métier à partir de mes seules compétences techniques, mais aussi en intégrant ma sensibilité, ce que j'aime, ce qui me fait plaisir.

C'est pourquoi je crois que nous nous trompons en ne faisant porter les examens pour recruter les futurs médecins que sur leurs seules performances physico-mathématiques, en oubliant le sens de l'être humain, le sens de la personne, le sens de la douleur.

Bien sûr, pour faire un bon médecin, les compétences importent. Elles sont une condition nécessaire, mais non suffisante. La clinique, la capacité de faire un diagnostic, l'aptitude à écouter le patient, à lui parler – voilà autant de qualités sensibles qui sont décisives. Pourquoi ne plus du tout les considérer ?

Explorer notre sensibilité est un vrai travail. Et nous sommes d'autant plus handicapés à le faire que nous ne sommes pas éduqués à cet exercice.

À l'école, seul sans doute l'enseignement des arts, par exemple de la musique où l'on apprend à écouter ce qu'est un son, comment il nous touche, nous montre un chemin. Mais c'est un enseignement très restreint.

Méditation sur la sensibilité

Apprenons à travailler notre sensibilité. Vous pouvez le faire avec tout ce qui vous entoure – par exemple des fruits.

Procurez-vous juste quelques fruits de saison. Et prenez un moment pour entrer en leur présence.

Vous pouvez en prendre un dans la main. Le sentir. Puis un autre.

Appréciez leur couleur, la texture de leur peau.

Vous allez peut-être découvrir que vous avez envie de manger l'abricot, mais que les fraises ne vous font pas envie. Formidable. C'est un excellent début.

Soyez juste attentifs à votre propre relation aux fruits. Entrez dans votre propre sensibilité.

Ces petits exercices vont vous aider à retrouver ce génie unique qui vous est propre.

« Je m'étonne de l'existence
du monde. »

LUDWIG WITTGENSTEIN

Il est essentiel d'apprendre à s'étonner

Ludwig Wittgenstein, l'un des plus grands philosophes du XXe siècle, n'a fait de sa vie qu'une seule et unique conférence publique. Elle portait sur l'éthique.

À la fin de la conférence, prenant la parole à la première personne, en rupture avec le reste de ses propos, il confie ce qui constitue pour lui le sens même de la vie : s'étonner de l'existence du monde.

Voilà qui est déconcertant. Car nous pensons que l'essentiel du travail philosophique consiste à la réflexion conceptuelle. Nous nous trompons, nous dit Wittgenstein.

D'un point de vue strictement rigoureux, cette phrase n'a pas de sens : je peux m'étonner de découvrir que tel ami va déménager à l'autre bout du monde parce que je ne m'y attendais pas.

Je peux m'étonner de rencontrer un chien, grand comme un mouton, dans la cour de mon immeuble.

Autrement dit, je m'étonne lorsque se produit un fait qui aurait pu ne pas se produire, et même qui aurait *dû* ne pas se produire.

Mais m'étonner de l'existence du monde est incohérent parce que je ne peux pas m'imaginer que le monde ne soit pas.

Faisons l'expérience de cette différence.

Étonnons-nous du fait que le ciel soit bleu plutôt que nuageux…

Puis étonnons-nous du fait qu'il y ait un ciel.

Voyez, cette seconde expérience n'est pas du tout du même ordre. Vous êtes ici, et ici seulement, déplacé de façon très radicale de votre manière habituelle d'être, de percevoir et de penser.

Seule la première phrase a un sens logique, la seconde est, au sens strict, un non-sens. Mais cela ne veut pas dire, insiste aussitôt Wittgenstein, qu'il ne faut pas lui reconnaître son importance.

Elle dit quelque chose de très profond quant à la signification de la vie, que Wittgenstein appelle éthique, et qui est une expérience personnelle et intime.

Essayez à présent de vous étonner que le monde soit.

Cet exercice vous semble peut-être abstrait ! Il est pourtant tout simple.

Mais la difficulté est que cette expérience, il faut la vivre.

C'est comme si j'évoquais un fruit que vous n'auriez jamais goûté. Plus je vous en parlerais, plus mes propos vous sembleraient obscurs.

Pourtant, vous en conviendrez, le fruit dont je parle n'est, lui, pas du tout abstrait, vous pourriez même le consommer.

Eh bien, la philosophie consiste à nous faire goûter un fruit inconnu. À nous faire éprouver les choses, notre vie, nos difficultés d'une tout autre manière.

Et l'on se trompe ici du tout au tout.

La philosophie qui nous invite à une expérience nouvelle semble abstraite alors qu'en réalité, elle nous concerne au premier chef. Elle veut nous faire changer de registre, de point de vue pour nous éclairer vraiment.

Et, à l'inverse, toute une philosophie qui donne des conseils de sagesse, qui se veut pratique, ne fait que nous enfermer dans nos erreurs et nos aveuglements. C'est elle, qui est abstraite. Elle ne touche à rien de réel et passe complètement à côté de notre vie.

La différence entre ces deux approches tient à la capacité à s'étonner que le monde soit.

Et c'est évidemment cette aventure qui est profondément philosophique, parce qu'elle seule transforme notre manière d'être tout entière.

« La poésie est le premier
millimètre d'air
au-dessus de la terre. »

MARINA TSVETAÏEVA

De l'inhumanité du calcul

Aujourd'hui, la réalité tend à être restreinte au calcul et aux statistiques : l'université derrière le classement de Shanghai, les chômeurs derrière la courbe du chômage.

Le monde est ainsi peu à peu effacé par les statistiques.

Il y a là une nouvelle forme de fanatisme qui, comme tous les fanatismes, nous impose une lecture unilatérale et fixée de la réalité.

Cette lecture nous écrase et, si nous la suivons, nous risquons de devenir des morts-vivants – un ensemble de données.

En vérité, est réel ce à quoi on a affaire chaque jour : prendre sa douche, faire à manger, parler avec telle personne, répondre à telle demande, faire attention avant de traverser… Tout cela n'a rien à voir avec le calcul, mais dépend d'une dimension de présence.

Mais il faut cependant faire un pas de plus. Le présent ne l'est qu'à mesure que nous faisons l'effort de nous ouvrir à lui, de le laisser être. Je me souviens d'être allé, quand j'étais jeune homme, pour la première fois de ma vie en Bretagne. Et à ma grande surprise, je ne voyais rien. Je voyais certes la mer, les rochers, le ciel. Tout cela était très beau. Mais j'avais l'impression d'être dans une carte postale.

Il m'a fallu plusieurs jours pour ne plus regarder une sorte de spectacle, mais en être ému de tout mon être.

Vous n'arrivez pas à vous mettre au travail

Mais comment voir au-delà des conventions, des images de cartes postales, des habitudes ?

En travaillant ! C'est là le secret. Car c'est alors que l'on a le sentiment de toucher la réalité, que quelque chose de vrai, de tangible se donne.

C'est difficile à comprendre car travailler est pour nous identifié à une forme de labeur pénible, voire de punition. On croit ainsi qu'il faudrait se sacrifier pour, plus tard, peut-être, en tirer un éventuel bénéfice.

Or le travail qui ouvre à la vie n'est pas de cet ordre. Il repose sur un engagement qui fait grandir ce qu'il touche.

Ainsi travailler à jouer ce morceau de musique, travailler à cultiver son jardin pour voir ses fleurs éclore, travailler à aider notre enfant à grandir – voilà qui peut vous faire vivre ce bonheur.

Dans tous ces cas, la passion qui nous habite nous conduit à avancer, à rencontrer plus entièrement la réalité et à la voir, en retour, vous répondre.

Méditation sur ce qui nous permet de respirer

Pour Marina Tsvetaïeva, tout travail est, en ce sens, lié à la poésie, qui nous aide à découvrir « le secret des choses ». Je me souviens enfant d'avoir regardé longuement mon grand-père, qui était tailleur, œuvrer. Il entrait dans la réalité des choses. Il les touchait avec une si belle dextérité. Ce fut ma première initiation à la poésie.

Et vous, qu'est-ce qui vous permet de respirer ?

Une confusion courante nous fait croire que la poésie consiste à apprécier les petits riens, l'instant présent. Mais c'est là bien naïf et limité. Cela ne vous fait pas respirer !

Vous respirez quand vous n'êtes plus englué dans les usages et les habitudes, dans le calcul, dans le prévisible. Sans poésie, l'instant présent est bien lourd, banal et ennuyeux.

« La poésie est le premier millimètre d'air au-dessus de la terre. »

« Prends souci
de toi-même. »

Socrate

Pourquoi il faut penser à soi

Cette phrase résume la pensée socratique et inaugure toute la philosophie occidentale. Socrate vient sur la place publique rencontrer les gens et les interroger sur ce qu'ils font de leur vie.

Par exemple, il rencontre un jeune homme de bonne famille, Alcibiade, occupé à trouver un bon travail, à devenir quelqu'un de respectable, à accroître son pouvoir.

D'accord, lui dit Socrate, tout cela est compréhensible, mais est-ce que tu te soucies de toi ?

Alcibiade ne comprend pas du tout ce que signifie cette question.

Et pour cause, c'est une question déconcertante.

Toute société nous demande de nous consacrer à elle, parfois jusqu'au sacrifice, et voilà cet homme qui nous demande de prendre soin de nous !

Les Athéniens en furent si furieux que, pour cette raison, ils condamnèrent Socrate à mort.

L'éducation doit produire des travailleurs efficaces, directement disponible sur le marché du travail, non des hommes libres, qui pensent par eux-mêmes.

Toute ressemblance avec notre situation actuelle n'est évidemment pas fortuite.

Un problème vous trouble

« Prends souci de toi-même. » Cette proposition a malheureusement donné lieu à deux mécompréhensions qui en ont complètement dévoyé le sens.

La première est de comprendre que se soucier de soi consiste à se couper du monde pour se réfugier dans ce que les stoïciens vont appeler notre forteresse intérieure.

Quel contresens ! Le geste de Socrate n'est pas celui d'un ascète qui se met en retrait du monde. Il nous invite à mieux nous engager dans le monde, et non à le fuir.

L'autre erreur est de faire du souci de soi une forme de maîtrise des pulsions et des affects. Or, chez Socrate, le souci de soi ne vise pas à une maîtrise quelconque, mais à un dessaisissement libérateur. Socrate ne cherche pas à vous faire entrer dans une sécurité sage et sereine, mais à bousculer de fond en comble votre position dans l'existence.

Si Socrate venait là vous parler, bien loin de vivre un instant de sérénité, vous seriez mal à l'aise.

Avez-vous déjà été troublé ?

Formidable ! C'est la meilleure manière d'entrer dans l'expérience philosophique.

Mais que faire de ce trouble puisqu'il ne s'agit pas de s'en débarrasser pour trouver le calme intérieur ?

Pour le découvrir, il faut s'engager dans la méditation socratique.

Platon nous raconte que Socrate restait souvent immobile sans bouger. Une fois, il est même resté debout d'une aurore à l'autre à l'étonnement de tous. Que faisait-il ?

Quand Socrate était dans l'embarras, il se posait au cœur de son trouble pour un moment. Sans rien faire. Sans chercher de solution.

Vous n'êtes pas obligé de rester immobile aussi longtemps, mais replacez-vous dans cet état de non-savoir. Entrez dans cette dimension plus fondamentale que toutes les positions, toutes les croyances, toutes les identités.

Alors, tout, vraiment tout peut changer !

Penser philosophiquement, ce n'est pas avoir des réponses à tout, des connaissances complexes, mais être saisi par l'exigence renversante de penser ce qui importe, là, maintenant, pour vous.

« L'attention,
miracle à la portée de tous
à tout instant. »

SIMONE WEIL

Se délivrer de l'addiction numérique

Évoquer la nécessité de l'attention prend un éclat tout particulier à l'heure où toute une industrie de masse nous vole notre capacité à faire attention.

Toutes les enquêtes récentes montrent que le temps où nous pouvons maintenir notre attention est de plus en plus court, de l'ordre de 9 à 10 secondes. Au-delà, notre cerveau tend à décrocher : il nous faut un nouveau stimulus, un nouveau signal, une nouvelle alerte, une autre recommandation.

Nous espérions que le numérique allait étendre nos capacités de connaissance et de relation, il est en train de les restreindre.

Une étude de l'Association américaine de psychologie publiée en 2017 a montré qu'une personne passe en moyenne 2,8 secondes devant une œuvre d'art dans un musée. Impossible dans ces conditions qu'une œuvre d'art nous réjouisse vraiment.

Prenez soin d'écouter attentivement votre interlocuteur

Essayez d'être attentif la prochaine fois que vous aurez une conversation avec quelqu'un.

Eh oui, ce n'est pas si facile.

On ne sait, en réalité, pas trop comment faire. On a tendance à raidir les muscles, à serrer les mâchoires. On croit qu'il *faut faire* attention. Mais cela ne fait que nous crisper. Ce qui importe est, tout au contraire, de se rendre disponible.

Ce qui implique d'accepter une certaine forme d'incertitude.

Pour écouter ce que l'autre a à nous dire, il faut que je consente à ne pas savoir à l'avance ce qu'il va me dire.

Comme c'est inconfortable, nous avons tendance à chercher à fuir cette situation. Les nouvelles technologies le savent bien. En s'appuyant sur la connaissance que nous donnent de notre cerveau les neurosciences, elles sursollicitent notre attention pour justement nous permettre de ne plus ressentir cette incertitude.

Mais c'est là un soulagement empoisonné. Car nous sommes ainsi peu à peu coupés de notre propre existence, de ce que nous sentons, de ce que nous voulons. Nous sommes dépossédés de nous-mêmes.

Voilà un étrange paradoxe : plus je regarde mon téléphone portable, consultant telle ou telle application, plus je me vide et m'isole.

À l'inverse, plus j'écoute l'autre en acceptant de ne pas savoir d'avance ce qu'il me dit, et, paradoxalement, plus j'entre dans une relation profonde et vraie et plus je me retrouve.

Que faire alors ?

Apprenons à cultiver notre attention en faisant quelques microméditations comme celle de l'arbre.

Commencez par regarder un arbre en vous étonnant de sa présence.

Puis, à partir de là, explorez la singularité de son être.

Qu'a-t-il de particulier ?

Une forme singulière, une manière d'être dans la lumière, ses couleurs…

Remarquez à présent que, peu à peu, le centre de la situation cesse d'être vous pour devenir l'arbre !

C'est une expérience réconfortante, de pouvoir juste accueillir cet arbre comme on peut accueillir quelqu'un, l'écouter, le rencontrer.

L'attention est vraiment un miracle à portée de tous à tout instant.

« Quand je n'ai pas de bleu,
je mets du rouge. »

PABLO PICASSO

COMMENT PRENDRE UNE DÉCISION

Cette phrase de Pablo Picasso pourrait sembler une forme de renoncement un peu facile.

En réalité, ce n'est pas du tout le cas. Car mettre du rouge à la place du bleu, ce n'est pas mettre une couleur à la place d'une autre, mais accepter de tout devoir repenser à neuf.

Picasso sait que peindre, c'est composer, c'est-à-dire découvrir comment mettre ensemble des choses qui s'accordent.

Composer, c'est un mot de peintre, mais dans notre vie, nous le faisons tout le temps puisque nous devons prendre des décisions en tenant compte d'un ensemble de paramètres. On choisit qui on invite à dîner, ou quelle activité va plaire à nos enfants selon la température de la journée.

Si parce que nous n'avons plus de bleu, nous nous décourageons et arrêtons notre travail, c'est parce que nous avons tout rigidifié. Nous croyons à tort qu'il n'y a qu'une seule issue et que si elle est fermée, plus rien n'est possible.

En réalité, ce n'est jamais vrai, il y a toujours des possibles que nous n'avons pas envisagés.

Vous avez prévu de partir cet été en vacances chez des amis qui vous annoncent qu'ils ne peuvent plus vous accueillir

Vous aviez prévu de partir en vacances chez des amis cet été. Tout était organisé et ils vous appellent, catastrophés, ils ne peuvent plus vous accueillir – une fuite d'eau imprévue, un enfant malade, un décès…

Vous êtes catastrophé. Que faire ?

Souvenez-vous de Picasso.

« Quand je n'ai pas de bleu, je mets du rouge. »

Ne cherchez pas à remplacer votre projet par un autre, mais recomposez tout votre été. Vous allez trouver une issue qui vous surprendra vous-même.

Philosophiquement, c'est passionnant car là réside le sens oublié de la liberté. Nous croyons aujourd'hui qu'être libre, c'est faire ce dont on a envie. Mais si je crie contre quelqu'un parce que je suis énervé, est-ce que je suis libre en lui hurlant dessus ? Non.

Vous êtes libre parce que vous vous êtes affranchi d'un ensemble de comportements mécaniques, habituels. Vous êtes libre parce que vous voyez vraiment la situation dans laquelle vous êtes. Vous êtes libre parce que vous êtes prêt à composer avec elle.

Essayons à présent d'apprendre cet art subtil.

Prenez une situation ordinaire : le repas que vous êtes en train de préparer pour ce soir ou une présentation que vous devez rédiger.

Le premier réflexe est de chercher de nouvelles idées, de se creuser les méninges. Mais très vite vous bloquez. Vous n'y arrivez pas.

Et si vous suiviez la proposition de Picasso, apprendre à composer ?

Pour cela, regardez attentivement la situation : qu'y a-t-il dans votre cuisine ? Quels sont les différents aliments, les différentes épices ? Peut-être que cela vous donnera une idée. Vous pouvez aussi aller au marché, en essayant de faire attention aux produits de saison.

C'est comme cela que vous pouvez vous aussi apprendre à être créatif : changez de perspective, regardez la réalité en variant les angles. Quand vous n'avez plus de bleu, vous mettez du rouge. C'est merveilleux.

« L'homme moderne
vit à présent
dans un monde
où sa conscience
et sa tradition de pensée
ne sont pas capables
de poser des questions
adéquates, significatives. »

Hannah Arendt

Quand la dictature de la rentabilité vous menace

Hannah Arendt nous invite à nous délivrer d'une erreur courante : croire que l'être humain en tout lieu et en tout temps est le même.

À première vue, cette thèse semble généreuse.

Mais elle nous empêche de remarquer la souffrance particulière que nous subissons.

Qu'est-ce qui est spécifique à notre temps que nous n'arrivons pas à penser ?

Notre souffrance vient du fait que nous considérons comme réel ce que nous pouvons comptabiliser, gérer, mettre en fiche.

Un arbre est une réserve de CO_2 dont la gestion permettra le meilleur rendement et qui conduit aujourd'hui à détruire les forêts françaises trop diverses pour les remplacer par une monoculture dont la rentabilité serait supérieure.

Et qu'est-ce que l'animal ?

Une réserve de calories. Et des camps en forme d'usine de mise à mort doivent nous permettre d'en maximaliser la production.

Et les êtres humains ?

Des « ressources » qu'il faut gérer pour en tirer le bénéfice maximal.

Ce n'était évidemment pas le cas d'un homme du Moyen Âge par exemple.

Pour lui, était réel ce qui est créé par Dieu. Et c'est en ce sens que saint François parlait à l'arbre ou à l'oiseau en parlant d'eux comme ses frères.

Pour nous, c'est tout différent.

Vous êtes sur le point de faire un burn out

Savoir ainsi poser de justes questions nous éclaire. Vous sentez que vous êtes au bord du burn out.

On vous explique que vous devriez apprendre à mieux gérer votre stress.

Voilà un bon exemple d'une analyse fautive.

Car le problème n'est pas du tout là. Vous êtes, en réalité, victime de ces groupes de gestionnaires qui cherchent à obtenir la rentabilité maximale en niant qui vous êtes. Et vous n'en pouvez plus.

Remarquez que ce sont les mêmes gestionnaires qui peuvent, indifféremment, s'occuper de l'hôpital, d'une grande compagnie d'assurances ou d'aviation, montrant bien par là que la spécificité des métiers n'a pour eux aucun sens.

Et l'on prétend que vous devriez avoir ce rapport de gestion à vous-même ! C'est juste insensé.

Nous sommes déjà bien trop prisonniers de cette obsession de rentabilité.

Prenons l'exemple d'une promenade. Une activité aussi banale est à présent, elle aussi, prise dans cette logique.

Grâce à une application, vous êtes invité à comptabiliser le nombre de pas que vous faites, à vérifier vos capacités pulmonaires, les calories que vous avez perdues.

Vous êtes, du coup, toujours en retard sur ce qu'il faudrait faire. Et le simple bonheur de prendre le temps d'être, de faire, de s'accomplir disparaît.

Hannah Arendt a raison : une sagesse qui ne prend pas en compte notre réalité historique, loin de nous aider, ne peut que nous détruire. Et c'est exactement ce qui est en train de se passer.

Et c'est pour nous apprendre à poser ces questions toutes simples que nous avons besoin aujourd'hui de la philosophie.

« J'adresse un pot
de confiture pour me
débarrasser d'une histoire
qui tourne au vinaigre. »

FRIEDRICH NIETZSCHE

Comment éviter l'affrontement

Nietzsche nous invite à agir de manière déroutante. Devant une situation difficile, d'agression, éviter à tout prix l'affrontement.

Pourquoi ?

Parce que alors, croyant nous défendre, nous restons prisonniers de ce à quoi nous nous opposons.

Quelqu'un nous insulte ou nous crie dessus : l'insulter en retour ou lui crier dessus est la meilleure manière de tomber dans le piège qu'il nous tend.

Si nous voulons triompher d'un problème, il faut développer une attitude beaucoup plus subtile.

Vous êtes en colère contre quelqu'un qui vous a fait un sale coup

Prenons un exemple. Quelqu'un que vous croyez être un ami a dit du mal de vous et vous a trahi.

Comment éviter d'être dans la logique des représailles ?

Comment surmonter la colère qui tout naturellement vous submerge ?

Pour Nietzsche, l'important est précisément de ne *pas* tomber dans le piège qui est devant vous.

Mais comment faire ?

Vous ne voulez quand même pas vous laisser marcher sur les pieds ?

Bien sûr que non.

Libérez-vous de l'idée que la seule alternative qui s'ouvre à vous est soit l'affrontement soit le lâcher-prise.

Nietzsche invite à être beaucoup plus créatif.

Il vous propose d'adresser un pot de confiture, non à la personne qui vous a fait du mal – il ne s'agit quand même pas d'être idiot à ce point ! –, mais à l'aigreur de la situation.

Un peu de confiture pour adoucir ce qui vous crispe, vous englue, vous emprisonne. C'est vous qu'il s'agit de libérer.

Il y a en fait deux types d'attitude pour répondre à une difficulté.

On vous dit noir, vous répondez blanc. Vous croyez dire le contraire de votre adversaire, mais vous êtes prisonnier du cadre qu'il a, lui, établi.

Et si vous questionniez cette opposition ? Pourquoi donc est-ce que ce serait forcément soit blanc soit noir ? Il y a tant d'autres nuances…

Méditation sur le sentiment pur

Pensez à n'importe quelle situation qui vous a tendu ou énervé, vous avez envie de réagir, de répondre à la situation, de vous en dégager – quitte à être brutal.

Essayez à présent de sentir, malgré cette frustration ou cet énervement, quelque chose qui vous réjouirait vraiment. Cela peut être le souvenir de quelque chose de doux, d'un moment où vous vous êtes senti comblé.

Voilà une manière de passer du ressentiment au sentiment.

Qu'est-ce que le ressentiment ?

La réaction qui restreint, ressasse, s'oppose à la vie.

Et qu'est-ce que le sentiment alors ?

Tout ce qui donne à notre vie de l'ampleur, qui la colore, qui la réjouit, qui lui permet de se déployer.

Vous comprenez à présent que Nietzsche ne nous donne pas un petit conseil pour agir mieux, mais, beaucoup plus fondamentalement, il nous invite à comprendre autrement l'existence. À comprendre qu'exister, c'est se synchroniser à la vie, pouvoir lui dire « oui », surmonter notre tendance à lui en vouloir.

La philosophie a beaucoup à nous apprendre en nous invitant à des expériences aussi profondes.

« La langue peut être
un véritable champ de bataille,
un lieu d'oppression
mais aussi de résistance. »

TONI MORRISON

QUAND LES MOTS DÉTRUISENT

Toni Morrison, un des plus grands écrivains noirs américains, nous aide à découvrir qu'une des formes de violence la plus vertigineuse porte sur la langue.

Je l'ai compris en lisant Victor Klemperer, ce linguiste allemand. À l'arrivée d'Hitler au pouvoir, il a dû vivre clandestinement. Il a alors rédigé un journal secret dans lequel il décrit en détail comment la langue nazie, cette langue que tout le monde parlait, de Goebbels à l'homme de la rue, des fonctionnaires de la Gestapo aux Juifs eux-mêmes, empêchait de voir le mal à l'œuvre. Klemperer note ainsi : « Les mots peuvent être comme de minuscules doses d'arsenic : on les avale sans y prendre garde, ils semblent ne faire aucun effet, et voilà qu'après quelque temps, l'effet toxique se fait sentir. »

C'est ainsi qu'on parlait d'« éléments » pour désigner des hommes détenus dans « les camps de concentration » qu'on « liquide », ou encore qu'on parlait des ouvriers qui tournent « à plein régime ».

Toni Morrison souligne, pour sa part, comment les Noirs africains ont été associés dans la littérature à des termes comme « sauvage », « innocent », « sage », mais aussi bien « brutal ». Peu importe que ces propriétés soient contradictoires. Il ne s'agit pas ici de connaître autrui mais de le classer, de l'identifier – niant ce qu'il est vraiment.

Mais nous sommes aveugles à ce problème car nous croyons que la langue est un outil de communication neutre. Or la langue est un champ de bataille, un lieu de résistance. L'attention aux mots est un acte politique.

Nous ne pensons pas indépendamment des mots, ils conditionnent notre manière de penser. La responsabilité de la philosophie est de nous le rappeler.

Faut-il vraiment « gérer » votre stress ?

Prenons l'expression, à première vue toute innocente, de « gérer son stress ». Elle est en réalité tout à fait significative de la violence propre à notre temps.

Cette expression réduit l'être humain que je suis à une sorte de stock qu'une meilleure comptabilité pourrait calmer.

Mais les gens souffrent, non pas parce qu'ils n'ont pas géré leur stress, mais justement parce qu'ils veulent le gérer et sont ainsi peu à peu coupés de leur propre humanité.

Quand je souligne ces problèmes, on croit que je joue sur les mots. Mais non. Les mots nous manipulent et nous empêchent de voir la violence que nous subissons et qui, ici, nous déshumanise. Je ne réclame pas le respect académique de la langue. Ce sont du reste souvent des poètes ou des écrivains qui bousculent la langue, qui arrivent le mieux à trouver une parole à même de parler, de dire notre expérience, ce que nous vivons.

Méditation sur le stress

Et vous, comment nommeriez-vous votre stress ?

Que veut dire ce mot pour vous ? Comment vous relier à lui ? Où l'éprouvez-vous ?

Essayez maintenant d'éprouver ce que vous sentez si je vous demande de le gérer.

Et si, de manière toute différente, je vous invite simplement à le rencontrer, à l'apaiser…

« Il m’a fallu beaucoup
d’années pour vomir toutes
les saletés qu’on m’avait
enseignées sur moi-même. »

JAMES BALDWIN

Devenir fort

Cette phrase est représentative de l'engagement au vitriol de James Baldwin pour penser l'expérience de souffrance qui fut la sienne d'être noir aux États-Unis dans les années quarante et cinquante.

Mais son analyse s'adresse à chacun de nous. Le simple fait de n'être pas comme les autres, de n'être pas de la bonne ethnie, de la bonne orientation sexuelle, d'être différent, d'avoir un handicap, d'être une femme dans un monde où les hommes ont le pouvoir, d'avoir des goûts, des aspirations qui ne répondent pas aux normes sociales dominantes, vous conduit à vous sentir coupable.

Or cette souffrance n'est pas psychologique mais politique.

Nous avons du mal à le comprendre car notre conception de la politique est généralement abstraite – nous croyons qu'elle implique une simple opposition d'idées et de doctrines. Or, parfois, en réalité, la politique se manifeste dans notre propre chair. Elle nous marque et nous meurtrit, en nous faisant croire à ses mensonges.

Et vous, quel regard sur vous-même avez-vous intégré ?

Et vous, quel regard sur vous-même avez-vous intégré, qui vous blesse ? Quelles sont les qualifications, les jugements qu'on a portés sur vous ?

La difficulté à le repérer vient du fait que, le plus souvent, vous n'en êtes pas conscient.

Et pour cause. Nous autres êtres humains avons une grande fragilité. Nous nous croyons aisément coupables de la violence que nous subissons.

Un enfant qui est victime de la cruauté de ses parents sera convaincu, à l'encontre de toute logique, à l'encontre de la réalité, que le mal qu'il subit, il en est responsable. Un enfant abandonné par sa mère va par exemple croire que c'est sa faute – qu'il n'est pas digne de son amour.

Et cela continue souvent une fois adulte. L'enfant en nous s'épuise à vouloir devenir parfait, ou à se sacrifier au profit des autres, espérant ainsi pouvoir être enfin accepté, aimé, reconnu. Mais ces efforts sont vains et ne font que l'éloigner de son désir.

Mais comment faire alors pour retrouver notre propre dignité, quand elle nous a été volée ? Il faut, comme le dit Baldwin, vomir.

Voilà un acte d'une grande noblesse ! Mais oui !

Car ainsi vous allez regagner votre propre dignité. Quand nous sommes malades, que nous avons ingéré un aliment qui nous empoisonne, il nous faut le vomir, pour libérer notre estomac.

Et ainsi nous recouvrons la santé. Il faut faire de même avec le poison idéologique.

Découvrez la plus extraordinaire des méditations, la méditation du noble vomissement.

C'est tout simple. Ne cherchez surtout pas à vous justifier, à vous expliquer, à vous défendre. Libérez-vous de ces saletés. Acceptez de ne pas assimiler ce qui est inassimilable.

Le sentiment de ne pas être à la hauteur, d'être coupable, ne vous appartient pas. Débarrassez-vous-en. N'ingérez pas ce regard que l'on porte sur vous et qui vous opprime.

Vous n'êtes pas responsable de cette violence que vous subissez, mais vous avez le devoir de vous en libérer.

« La vie chérit
ceux qui la vivent. »

MAYA ANGELOU

Être courageux

Maya Angelou était une grande figure morale de la vie artistique et politique des États-Unis. En 1993, à la demande de Bill Clinton, elle a lu un de ses poèmes lors de la cérémonie d'investiture du président démocrate.

Ce fut un moment historique et émouvant que de voir cette femme noire, née dans une grande pauvreté, ayant dû traverser tant de dures épreuves, s'avancer et prendre la parole avec hardiesse, force et courage devant l'Amérique réunie.

Vous êtes victime d'une forme de mépris

Peut-être que vous aussi, comme Maya Angelou, vous avez souffert du mépris des autres parce que vous êtes différent par votre religion, votre classe sociale, votre éducation.

C'est là que les propos de Maya Angelou peuvent vous inspirer, car elle montre pourquoi il ne faut à aucun prix se laisser enfermer dans la posture de victime et s'apitoyer sur notre sort. Comme elle le précise : « Ne gémis pas ; gémir informe la brute qu'une victime est dans les parages. Fais en sorte de ne pas mourir sans avoir accompli quelque chose de merveilleux pour l'humanité. »

Cessons donc de dire : « Je n'y arrive pas parce que j'ai été maltraité enfant », « Je n'aurai pas ce poste parce que je suis issu de telle communauté discriminée », ou encore « Je n'aurai pas cette promotion parce que mon patron ne m'aime pas. »

Le statut de victime nous paralyse dans une posture d'impuissance. Nous croyons alors que nous n'avons aucune possibilité de faire une différence. La porte se referme sur nous. Nous sommes enfermés dans notre souffrance, prisonnier de notre plainte.

Comme Maya Angelou l'écrivait dans un de ses célèbres poèmes :

« Les jolies femmes se demandent
Où réside mon secret
J'suis loin d'être mignonne,
Ou de taille mannequin
Mais quand je le leur révèle
Elles pensent que je mens.
Je dis mon secret réside
Dans la portée de mes bras
La foulée de mes pas
L'ourlure de mes lèvres.
Je suis une femme
In-cro-ya-blement.
La femme phénoménale
C'est moi. »

Méditation sur la confiance : laissez vos qualités irradier pleinement

Vous aussi, apprenez à ne plus vous excuser d'être.

On peut s'excuser d'un acte qu'on a fait et qui n'est pas juste, mais pas d'être.

Quelles que soient vos erreurs, vos imperfections, ce que l'on vous reproche, ne vous excusez pas d'être qui vous êtes.

Pour vous aider, pensez à l'une de vos qualités, ou encore à un acte juste et bienfaisant que vous avez fait, même s'il est tout simple. Vous avez aidé un voisin, rendu service à un collègue, dépanné un inconnu. Peu importe. Soyez-en fier.

C'est cet ancrage qui peut vous aider à transformer la situation de souffrance où vous êtes et vous donner l'allant de faire quelque chose de bon pour les autres et le monde.

Maya Angelou dit qu'elle est la femme phénoménale parce que tout être humain est exceptionnel. Simplement en nous autorisant à être soi, indépendamment de nos réussites, nous retrouvons le trésor ardent de l'humanité qui est en chacun de nous et qui nous porte au meilleur.

« La charité est blessante
pour celui qui l'accepte. »

Marcel Mauss

En finir avec le moralisme et les bons sentiments

On nous invite à être charitable, généreux ou encore à être altruiste. On nous accuse même de ne l'être jamais assez.

Et si ces propositions nous égaraient ?

Je ne veux pas, rassurez-vous, vous inviter à devenir égoïste et indifférent aux autres.

Mais je pose cette simple question : pourquoi la charité est-elle blessante pour celui qui l'accepte ?

Un ami vous invite à dîner au restaurant. Vous acceptez, mais insistez pour payer le vin en retour.

Est-ce que cela n'aurait pas été la même chose si vous aviez partagé l'addition ?

Nullement. Chacun de vous a ainsi offert quelque chose à l'autre.

Et pourquoi cette amie qui est bénévole dans une association où elle se donne sans compter me disait : « Je ne fais que rendre ce que l'on m'a donné dans la vie ; j'ai tant reçu » ?

Étrange formulation, comme si elle souhaitait montrer qu'elle ne fait rien de spécial. Mais oui, c'est cela qu'elle vit.

Pourquoi souhaitons-nous ne pas être en dette ?

Pourquoi donner en retour, quand nous avons reçu quelque chose ?

Si nous n'étions qu'intéressés par l'argent et le pouvoir, nous ne le ferions pas.

Il y a donc quelque chose de plus important que d'accumuler du capital : le lien qui nous relie les uns aux autres.

Voilà qui permet de comprendre en profondeur la réalité de nos existences.

Et c'est pourquoi la charité est blessante : un don que nous ne pouvons pas rendre nous isole. Il nous coupe de l'autre. Il nous prive de notre ancrage dans le tissu des relations.

Vous offrez une boîte de chocolats à ce collègue qui vous a rendu un immense service. Ce geste banal a une portée philosophique considérable. Il révèle que notre conception habituelle du don comme devant être pur, désintéressé, est fausse.

Ce n'est pas parce que vous voulez le remercier que votre don n'est pas un vrai don.

Par ce cadeau vous signifiez quelque chose de très important : vous tenez à cette personne et vous honorez la profondeur de votre lien.

Nous croyons qu'il faudrait aimer et donner de manière pure et désintéressée. Nous valorisons ainsi un idéal sacrificiel. Mais, en réalité, cet idéal est faux, mensonger et malsain. Il n'existe pas d'amour pur. Il n'existe pas de don pur. Et heureusement.

Il est temps d'apprendre à vivre dans la réalité et de reconnaître que nous sommes toujours en relation.

Les conséquences de cette découverte sont multiples. Elles éclairent la racine de la violence actuelle de nos sociétés. Verser, par exemple, à quelqu'un qui travaille, un simple salaire, sans reconnaître qui il est, son engagement, le don de sa personne est d'une grande violence. C'est le nier comme personne. Et du reste, toutes les analyses le montrent. La meilleure manière de prévenir le burn out est de reconnaître la qualité de nos collaborateurs. De pouvoir donner. Rendre. Remercier.

Marcel Mauss avait profondément raison : « La charité est blessante pour celui qui l'accepte. »

Il est temps d'en tirer toutes les conséquences aussi bien au niveau social, éthique que politique. Nous sommes des êtres relationnels et non un capital à gérer.

« Il n'y a qu'à être
en Espagne pour n'avoir
plus envie d'y bâtir
des châteaux. »

Madame de Sévigné

Ne plus rêver les yeux ouverts

« Bâtir des châteaux en Espagne » est une vieille expression qu'on trouve déjà au XIIIe siècle. Elle prend sa source dans le fait qu'on ne trouvait en Espagne aucun château dans les campagnes ; les Maures ne pouvaient donc pas trouver de demeures pour assurer leur retraite.

Cette expression est devenue une métaphore pour désigner ce qui est jugé infaisable. On rêve tous de choses qui nous rendraient heureux – mais qui, en nous coupant de la réalité, ne font que nous rendre encore plus malheureux.

Cette attitude ressemble à la croyance qu'il existe quelque part une sorte de nounou toute puissante, une nounou cosmique, qui pourrait venir s'occuper de nous, nous protéger et résoudre tous nos problèmes.

La religion a pu parfois faire de Dieu une telle figure puérile.

Dans l'ordre politique, Hitler ou Staline ont été présentés comme ce type de dieux à même de résoudre tous nos problèmes.

Aujourd'hui, clignotent sur nos téléphones des châteaux en Espagne. Des applications diverses prétendent que « pour améliorer notre vie, il faudrait acheter ceci », « être comme cela », « faire tel poids ». Pourtant nous ne sommes pas plus heureux, et la dépression, la souffrance ont atteint des proportions endémiques. Et nous croyons encore que si nous avions telle chose, faisions telle action, nous serions en paix.

La grande sagesse de Madame de Sévigné est de faire apparaître la structure de l'illusion : en Espagne, il n'y a pas de châteaux. Une fois qu'on l'a vu, on est libre. Tout le problème est de croire en ce mirage car alors on croit vraiment que ce manque est la cause de notre insécurité.

Ce pseudo-infini que nous cherchons ne peut aucunement nous combler. Il ne fait même que renforcer notre angoisse. Il nous empêche de nous réjouir de ce qu'offre notre situation.

Mais comment distinguer votre désir de changer, de vous transformer, de grandir, d'apprendre de cette illusion ?

Pour le découvrir, partez en voyage, en faisant juste l'effort de ne pas simplement partir pour partir, mais en essayant de déterminer ce qui ferait que ce voyage soit réussi.

On ne prend généralement pas le temps de déterminer ce que nous voudrions vivre. On a l'impression qu'il faut tout faire. On fait Venise en deux jours et la Thaïlande en une semaine. On revient avec le sentiment que tout est passé trop vite.

Mais qu'est-ce qui vous comblerait, vous ? Voir telle œuvre d'art, faire des rencontres inattendues, retrouver un ami, vous promener dans la nature, accepter de ne rien faire.

Déterminer ainsi l'horizon de votre voyage suffit à changer complètement l'expérience que vous allez vivre en vous permettant d'éprouver une véritable satisfaction.

Car la clef est là : pour être comblé, il faut que notre voyage ait ce que les philosophes nomment une finalité – c'est-à-dire une direction et un terme.

Oui, poser une limite, loin de nous restreindre, est ce qui peut nous rendre vraiment heureux !

« La bêtise consiste
à vouloir conclure. »

GUSTAVE FLAUBERT

Savoir rester curieux

Conclure semble nécessaire ! Il faut bien à un moment trancher, cesser de tergiverser et passer à autre chose.

Pourquoi Flaubert pense-t-il le contraire ?

Parce qu'en *voulant* conclure, en fermant la porte, en décidant que c'est fini, qu'il n'y a plus rien à dire, rien à penser, nous figeons la situation.

La science en témoigne. Elle est ce travail incessant pour éviter toute conclusion définitive. Toutes celles qu'elle donne sont par nature provisoires. Ainsi, pour être scientifique, une vérité doit être questionnable. Sinon, elle est un dogme.

Nos théories sur la formation de l'univers ne sont donc pas définitives, elles témoignent de l'état de nos connaissances, qui seront un jour remises en question, approfondies, renouvelées.

Conclure, c'est, en ce sens, cesser de penser.

Vous vous disputez avec votre conjoint.

Par exemple, votre épouse vous explique qu'elle veut quitter son travail pour se lancer dans un nouveau projet. Vous, vous voyez surtout combien cette décision est risquée et vous la prenez pour un caprice.

Votre volonté de conclure a figé la situation. Vous voulez, à présent, lui montrer en quoi elle a tort. La situation s'envenime. Vous êtes en plein conflit.

Vous voulez vous réconcilier avec elle ?

C'est tout simple – interrogez-la plus avant. Rencontrez ce qui l'anime.

Vous allez découvrir que n'aviez pas compris que sa décision provenait d'une aspiration profonde qu'il vous faut reconnaître.

Voyez, la philosophie peut nous rendre d'immenses services, y compris dans une banale dispute de couple. Non en nous donnant des conseils de ce que je nomme la « psycho-papouille », mais en éclairant la *vérité* même de toute relation.

La volonté de conclure débouche sur la haine et la violence. On projette sur le monde et sur l'autre notre propre compréhension construite par nos préjugés, notre impatience, nos aveuglements. Tant de conflits politiques, religieux et sociaux s'expliquent ainsi. Mais aussi notre incapacité à faire face à la situation climatique, à la destruction de la terre. Nous n'arrivons pas à changer de cap – faisant toujours et encore comme nous avons l'habitude d'agir.

Méditation sur l'incertitude

Pour changer, il faut apprendre à habiter l'incertitude. Et c'est pourquoi nous avons besoin de méditations nouvelles qui, au lieu de nous anesthésier, de nous rendre calmes comme des grenouilles, nous apprendraient à soutenir cette incertitude.

Vous ne savez pas quelle décision prendre… Restez juste un moment dans cet état-là. Demeurez avec votre trouble.

Constatez que vous voudriez conclure au plus vite non pour répondre au problème, mais juste pour vous débarrasser de votre inquiétude. C'est là, ce qu'il faut éviter. Votre décision serait mauvaise. Restez ouvert, sur le qui-vive, alerte. Et à mesure que vous soutenez cet inconfort, vous commencez à voir plus clairement. Voilà l'intelligence !

Et voyez, cette attitude, loin d'être désagréable comme on pourrait le croire au premier abord, ouvre à une action véritablement efficace, juste et donc heureuse.

« L'oubli de soi
est le critère du réel. »

Johann Gottlieb Fichte

S'OUBLIER

Fichte est l'un de ces impressionnants philosophes allemands de la fin du XVIIIe siècle. Une grande question le travaille : comment éviter à la philosophie un redoutable écueil qui la menace, celui d'oublier que l'homme est d'abord un être en relation avec le monde, les choses, les autres hommes.

C'est en ce sens que Fichte écrit ce dialogue :

« Au moment où tu lis ce livre, où tu contemples cet objet, où tu parles avec ton ami, penses-tu à ce que tu fais, à ce que tu lis, à ce que tu contemples, à ce que tu entends ou vois ?

— Nullement, je ne pense pas à moi, je m'oublie complètement dans le livre, dans l'objet, dans la conversation. Aussi, dit-on justement qu'on est absorbé dans ce qu'on fait, ou qu'on y est plongé. »

Les remarques de Fichte sont décisives.

La preuve que vous êtes en rapport avec la réalité est que, vous, vous passez vous-même à l'arrière-plan. Ce qui compte ce n'est pas vous.

Pour vous aider à faire cette expérience et comprendre la philosophie de Fichte, la méditation du verre d'eau est très éclairante.

Elle est toute simple. Prenez un verre d'eau. Buvez-le. Voilà !

Maintenant, si vous le faites en vous regardant le boire, en essayant d'être conscient de ce que vous êtes en train de faire, tout est perdu. Cela devient étouffant. C'est le principe de l'ongle incarné. En se retournant sur lui-même, l'ongle s'enfonce dans votre chair et vous blesse.

Vous connaissez l'histoire du mille-pattes et de l'escargot ?

L'escargot demande au mille-pattes comment il fait pour marcher vu le nombre si important de ses pieds.

Essayant de prendre conscience de ce qu'il fait, notre mille-pattes ne peut plus avancer.

MÉDITATION POUR SE LIBÉRER DE LA PLEINE CONSCIENCE

C'est dire mon étonnement de voir, depuis une dizaine d'années, la méditation nommée en France « pleine conscience ». Incompréhensible !

Marcher en pleine conscience, manger en pleine conscience, c'est, au sens strict, une torture et un enfermement.

Je suis d'autant plus surpris que l'expérience de la méditation que j'ai découverte il y a une trentaine d'années m'a précisément appris à me libérer de la pleine conscience – ma conscience passe à l'arrière-plan. Le monde, les choses, les êtres apparaissent, du coup, plus amplement.

Et c'est ce mouvement-là qui rend heureux. S'oublier soi-même.

Une sage-femme m'a confié : « À certains moments, dans mon travail, il y a de gros, gros coups de stress. Il faut avoir quatre mains, et plusieurs cerveaux. Mais étrangement, dans ces moments de très grande urgence, un déclic se fait souvent. Les gestes et les mises en acte s'enchaînent simplement. Tout se fait comme de soi-même. »

On ne peut pas mieux dire.

Nous en avons tous fait l'expérience. Il y a des moments, on ne sait pas trop ni pourquoi ni comment, les choses se font toutes seules. On a juste l'impression d'être au service de la situation. Je crois que c'est cela le vrai bonheur.

« Seul celui
qui descend aux Enfers
sauve la bien-aimée. »

Søren Kierkegaard

Faire face, avec courage, à ses difficultés

Cette phrase du philosophe danois Kierkegaard revivifie un des mythes les plus beaux de notre histoire – celui d'Orphée.

Ce jeune homme a fait ce qu'aucun autre être n'avait réussi avant lui : il est descendu aux Enfers pour y chercher Eurydice, sa bien-aimée, mordue le jour de leur mariage par un serpent. Orphée a accompli cette épreuve grâce à la puissance de sa parole poétique qui a ému les gardiens redoutables du monde souterrain.

Dans d'autres civilisations, il existe bien des héros, comme Gilgamesh, qui sont allés aux Enfers, mais le but de leur quête était l'immortalité.

Chez Orphée, cette descente se fait par amour. C'est l'amour qui lui donne le courage et l'allant d'entrer dans la douleur et l'effroi.

Pour Kierkegaard, ce n'est pas seulement Orphée, mais chacun de nous qui doit descendre aux Enfers s'il veut assumer la beauté de sa propre humanité.

Vous découvrez que votre enfant se fait harceler à l'école

Prenons un exemple. Votre enfant se fait harceler à l'école.

L'idée qu'il faudrait ici rester calme et zen est absurde et dévastatrice.

En réalité, plus on explique aux gens qu'il faudrait être zen, plus on les rend malheureux. Plus profondément aussi on les aliène.

Quand votre fils vous annonce en larmes qu'il n'en peut plus, vous êtes bouleversé. Et vous vous sentez aussitôt prêt à aller dans les Enfers par amour pour lui. Cela ne vous fait pas peur, parce que vous voyez la bien-aimée qu'il faut délivrer.

La bien-aimée, c'est métaphoriquement tout ce qui nous tient à cœur – aussi bien cet homme qui est humilié, celui-là qui souffre, l'humanité menacée par l'industrialisation aveugle ou encore la terre que nous voyons détruite chaque jour par la quête du profit.

Ce que je retiens aussi de ce mythe, c'est que nous devons descendre aux Enfers nullement pour y rester, nullement pour souffrir, nullement par masochisme. Simplement nous devons les traverser. C'est tout différent.

Pourquoi cette précision est-elle cruciale ?

Parce que la grande difficulté que nous rencontrons tous est de savoir tenir ensemble l'enfer dont nous devons faire l'épreuve et la bien-aimée lumineuse que nous sommes venus rechercher.

Mais comment trouver le courage de faire un tel voyage ?

Il vous suffit de rencontrer votre peur. Car c'est, en réalité, aussi simple que bouleversant : l'homme courageux n'est pas celui qui est sans peur, mais celui qui prend le risque de la rencontrer, d'avoir mal, de perdre pied.

Le lâche est celui qui ne veut pas avoir peur. Ne voulant pas avoir peur pour son fils qui se fait harceler à l'école, il va refuser de l'aider, d'aider la situation.

Le courage implique donc d'accepter d'être à nu, d'être démuni mais de rencontrer néanmoins avec cœur la réalité. De ne pas lutter contre.

Au lieu de se couper de notre propre tendresse, embrassons-la.

« Les preuves
fatiguent la vérité. »

GEORGES BRAQUE

Aimer, hors des démonstrations

Un des présupposés de notre temps est de croire qu'est vrai ce qui est l'objet d'une démonstration établie sur une ou plusieurs preuves.

Du coup, pour nous, les deux domaines où la question de la vérité nous semble légitime sont l'ordre scientifique et l'ordre juridique.

L'inspecteur recherche des preuves pour établir une vérité qui est établie lors d'un procès.

Or, il existe d'autres vérités qui ne sont pas de cet ordre et que nous avons tendance à négliger, et parfois même à nier.

Et Georges Braque, qui est peintre, le sait trop bien. Un tableau parfois n'est pas complètement réussi, il faut le reprendre et encore le reprendre. Et cela sans certitude de succès. Vouloir établir des preuves à ce sujet est impossible.

Cela ne veut pas dire qu'il n'existe pas de bons tableaux. Et cela tout peintre le sent, et cela oriente même son travail.

Mais alors quels sont les critères ?

D'abord ceux liés aux éléments propres à la peinture : le jeu des couleurs, l'accord des formes, la justesse de la composition, le sens de l'espace, la matière…

Mais aussi la façon dont l'œuvre vous touche. Une grande œuvre n'est pas seulement réussie plastiquement, mais elle doit vous toucher, peut-être même vous ébranler. Elle vous aide à vivre en quelque sorte.

Ce qui se passe ici avec la peinture se retrouve avec tout ce qui concerne notre existence.

Ainsi si je veux savoir si tu m'aimes. Il n'y a, à cette question, aucune preuve absolue.

Cela ne veut pas dire qu'il n'existe pas une vérité d'un amour.

VOUS ÊTES MALHEUREUX CAR UN DE VOS PARENTS EST MALADE

Prenons un exemple. Vous êtes malheureux en ce moment. Un de vos parents est malade.

Vous pourriez chercher des démonstrations biologiques, sociales, religieuses, cela ne vous aidera pas. Nous connaissons tous des gens qui peuvent nous expliquer toutes les causes de leurs problèmes, et qui sont bien plus empêtrés dans leurs difficultés qu'allégés.

Laissez tomber cette perspective. Chercher des preuves à vos difficultés ne vous aide pas. Au contraire.

Essayez plutôt de faire l'expérience de la vérité de votre chagrin, par exemple celui que vous avez parce qu'un de vos parents est malade.

Vous comprenez alors que toutes les douleurs n'ont pas à être guéries. Et qu'il nous faut parfois simplement être honnête avec ce qui nous arrive.

Voyez, il est libérateur de savoir qu'il existe une vérité de ce que l'on sent, de ce que l'on éprouve.

Méditation sur la rencontre d'un sentiment

Quand nous entrons dans ce domaine qui est le plus intime, le plus profond, le plus essentiel, là, les preuves ne peuvent que fatiguer la vérité. Il nous faut accepter de faire confiance à ce que l'on éprouve.

De même que vous pouvez apprendre à voir une œuvre d'art, à écouter de la musique, vous pouvez éprouver la justesse d'un sentiment.

L'approfondir… En explorer la qualité, la sincérité.

Voyez, la dimension de vérité dont parle Braque n'est pas celle de la démonstration, mais c'est néanmoins une vérité qui engage notre existence.

Oui, Georges Braque à raison : « Les preuves fatiguent la vérité. »

« Hors de cette vapeur
et de cette houle,
écarte ton vaisseau. »

ARISTOTE

La morale sans moralisme

Cette phrase qui se trouve chez Homère, Aristote la cite, pour éclairer le sens qu'il veut donner à la morale, dont il est le plus génial penseur.

La morale ne consiste pas, comme nous le croyons le plus souvent aujourd'hui, à suivre des règles ou des commandements, mais c'est l'art de la navigation. Cet art consiste à savoir éviter les deux extrêmes que sont ici la vapeur et la houle. Il nous faut découvrir comment avancer en allant tantôt à droite tantôt à gauche pour profiter des vents et du courant.

Comment dire non, sans lâcheté et sans agression ?

Est-ce que, là, j'en dis trop ou pas assez ?

Quand j'étais étudiant, je trouvais cette approche bien tiède. J'attendais quelque chose de beaucoup plus exaltant de la philosophie.

Aujourd'hui, je perçois mieux l'héroïsme qu'il y a à chercher partout la juste mesure.

C'est que je comprends mieux qu'être juste, ce n'est en rien faire la moyenne entre deux pôles, comme l'eau tiède est la moyenne du chaud et du froid. Non, l'équilibre est le point du plus vertigineux équilibre, celui du danseur dont le geste vous coupe le souffle, celui du médecin qui sait faire un diagnostic en faisant attention à tous les détails.

Ayant traversé bien des difficultés et des crises, je perçois mieux combien cette approche est éclairante.

Vous devez annoncer à un ami une nouvelle difficile

Vous êtes très ennuyé. Vous avez peur de le blesser, de ne pas savoir vous y prendre. Vous aimeriez savoir comment faire. Qu'on vous donne un mode d'emploi.

Mais non. La situation est délicate.

Il faut assumer ce qu'Aristote nomme la contingence – le monde n'est pas programmé. Dans mon langage plus ordinaire : des emmerdes surviennent. C'est douloureux. Il faut le reconnaître. Et c'est déjà un premier pas.

Croire que tout devrait être toujours agréable nous rend paradoxalement malheureux.

Et surtout impuissants.

Vivre c'est prendre des décisions, c'est-à-dire apprendre à naviguer dans des eaux parfois agitées. Puisque le monde n'est pas parfait, c'est donc à nous de le parfaire. D'essayer d'agir au mieux.

En réalité, vous ne pouvez jamais savoir à coup sûr si la manière que vous avez eue d'agir était vraiment idéale. Et ce n'est pas le problème. Vivre, ce n'est pas résoudre des équations.

D'accord, mais comment faire ?

Le secret est d'examiner la situation avec toujours plus d'attention.

Quel serait le meilleur moment pour lui parler ?

Et comment le faire ?

Dois-je être seul ou accompagné ?

C'est en vous posant ces questions que vous allez découvrir comment bien naviguer.

Aristote nous délivre de l'opposition entre le bien et le mal pour chercher ce merveilleux équilibre qui évite les extrêmes. Il nous apprend ainsi la souplesse et l'agilité.

« L'amour ne meurt jamais
de mort naturelle,
il meurt parce que
nous ne savons pas revenir
à sa source. »

ANAÏS NIN

De l'art merveilleux et mystérieux de savoir aimer

Il existerait, dit-on, une obsolescence programmée de l'amour, en raison des habitudes et d'une forme d'usure. L'intensité amoureuse ne serait qu'un moment passager. Voilà à quoi il faudrait se résoudre.

Pour Anaïs Nin, femme incandescente, amie aussi bien d'Artaud que d'Henri Miller, cette idée est complètement fausse. Pour le dire de manière toute simple : l'amour n'est pas une jouissance mutuelle et immédiate. Et c'est à tort que nous l'avons identifié au plaisir.

Du coup, nous avons fait du renoncement à l'amour un acte de lucidité et de sagesse. Ce qui est proprement insensé. En réalité, cette vision de la sagesse, aujourd'hui encore dominante, repose sur la même illusion que le rêve de la midinette : croire que l'amour est une sorte de petite jouissance confortable.

Mais c'est là une idée erronée.

L'amour est une épreuve, une épreuve difficile, un travail qui engage toute notre existence.

Et c'est ce travail qui rend profondément heureux.

Vous vivez une situation d'amour difficile, avec votre enfant, votre conjoint, un de vos parents

Pensez à une personne que vous aimez et avec laquelle vous avez le sentiment que quelque chose est bloqué, figé, tendu. Ce peut être votre enfant, votre conjoint ou un de vos parents.

Au lieu de vous enfoncer dans la plainte ou le ressentiment, il est temps d'apprendre à travailler à aimer. Vous êtes mal à l'aise parce que vous identifiez ce travail à un effort volontaire. Et vous savez trop bien qu'on ne peut pas se forcer à aimer.

Mais soyez rassuré, il ne s'agit pas de cela. Mais que signifie alors travailler à aimer ?

Ne pas cesser de se garder ouvert, avec justesse.

Une mère doit travailler à aimer son enfant. Il faut en finir avec l'idée en réalité si culpabilisatrice qu'une mère aimerait parfaitement toujours son enfant et ce dès sa naissance. Il lui faut, au contraire, comme le dit Anaïs Nin, apprendre à revenir à la source.

Comment faire ?

C'est ici que l'image de la source est éclairante. Une source n'est pas une eau figée, toujours stable, mais un jaillissement qui se donne, qui se donne sans rien nous demander, qui se donne sans chercher à savoir si nous sommes prêts ou non à l'accueillir. Elle n'est donc pas un fonds disponible comme un compte en banque que je pourrais gérer à volonté, elle demande que je m'ouvre à elle.

Méditation pour accepter d'être touché

Il y a un art d'aimer. Cet art, on peut l'acquérir en faisant quelques méditations pour apprendre à se laisser toucher. C'est difficile car on cherche tout le temps à ne pas l'être. À avoir le dessus, à garder le contrôle, à rester impassible.

Essayez cependant. Repensez à votre enfant, à votre conjoint. Acceptez d'être touché. Que ce soit parce qu'il vous irrite ou parce qu'il vous émeut. Peu importe.

Voilà.

Ce qui importe c'est de rencontrer votre propre tendresse. Car c'est là et là seulement que vous pouvez revenir à la source de votre amour.

Table des matières

Composition et mise en pages
FACOMPO, Lisieux

Imprimé en France par

MAURY IMPRIMEUR
à Malesherbes (Loiret)
en septembre 2021

Visitez le plus grand musée de l'imprimerie d'Europe

ami atelier-musée de l'imprimerie
Malesherbes-France

POCKET - 92 avenue de France, 75013 PARIS

N° d'impression : 256437
S31572/01